知的生きかた文庫

読むだけで記憶力が高まるドリル

池田義博

三笠書房

はじめに

何歳からでも、記憶力は高まる！　頭はよくなる！

◆記憶力アップのカギは「感情」と「イメージ」

記憶力は、加齢とともに衰えていくものだと思われています。

しかし、近年の研究から、必ずしもそうとは限らないことがわかってきました。

「スーパー・エイジャー」と呼ばれる人たちの存在は、それを証明するひとつの事例でしょう。

何がスーパーなのかといえば、記憶力も含めた脳の認知機能です。

彼らは年齢が60歳以上で「シニア」と呼ばれる世代にもかかわらず、脳の認知機能が30代や40代と同等だというのです。なかには、20代レベルの人もいるというのですから驚きです。

こう聞くと、そういう人たちは若いころから特別な脳の訓練を積んできたからそうなったと思われるかもしれません。

しかし、そうではありません。彼らの脳を調べるとわかります。

認知機能が高いということは、一般の人と比べて計算や論理的思考に使う脳の場所が発達していると考える方も多いでしょう。

そう思ってしまうのも当然ですが、実際はまったく違います。一般の人と変わったところは見られなかったのです。

ただ、彼らには、ある共通する脳の特徴が見られました。それは、**「感情」に関わる部分が非常に発達している**ということだったのです。

感情に関わる部分が発達しているとは、感受性が豊かだということ。つまり、スーパー・エイジャーと呼ばれる人たちは、記憶力や思考力を鍛える特別な訓練を行なってきたわけではなく、ものごとに感動する感度が高い人たちだったのです。

感受性豊かな生活を送ることが、脳の認知機能を維持・向上させることにつながるというわけです。

脳のなかの感情に関わる場所が記憶力に大きく関わっている仕組みは、すでに脳科学的に解明されています。

じつは、本書でお伝えする記憶法も、この原理を利用しています。**イメージによって感情を動かして記憶力をアップさせる「イメージ記憶法」**です。

「なにやら難しそう」と思われたでしょうか？

心配にはおよびません。試しに今、目を閉じて、みなさんのご自宅の玄関のドアや扉を頭のなかで思い出してみてください。

思い出せた人は、イメージ記憶法ができるということです。

◆44歳から「6度の記憶力日本一」を獲得できた理由

イメージ記憶法の有効性については、私自身が証明してきたと思います。

私は44歳のときに、**記憶力日本選手権大会**に初出場して以来、**6回出場し、すべての大会で日本一**となっています。また、２０１３年にロンドンで開催された「世界記憶力選手権」では、日本人初の「記憶力グランドマスター」の称号を獲得しました。

もともと私は、記憶力がよかったわけではありません。にもかかわらず、この年齢で20代の大学生などに混じって、6度も優勝し続けることができたのは、本書で紹介するイメージ記憶法を駆使したからなのです。

人の名前も、単語も、数字も、すべてイメージを利用すれば大量に覚えることができます。そして、この記憶法は、もちろん**仕事や勉強にも存分に活用できる**のです。

みなさんは、記憶力と聞くと、どんな能力を想像するでしょうか？

先天的な才能によって決まる能力？　加齢による影響力が強い能力？

そんな想像をするかもしれません。

しかし、記憶力は先天的な才能も、加齢による影響も、あまり関係ありません。

記憶とは、「**覚える**」→「**覚えておく**」→「**思い出す**」というすべての工程を経て、はじめて記憶と呼ぶことができます。最初の覚える力はあまり衰えません。記憶力が悪くなったと思い込んでしまうのは、「思い出す力」が低下するからなのです。

でも、大丈夫。本書でお伝えするイメージ記憶法を使っていると、自然と思い出す力を維持・向上させることができます。もちろん、脳の本来の記憶力自体もアップさせることができるのです。

本書では、まず1章で、脳の記憶のメカニズムをわかりやすく説明します。これを知っているか知らないかでは、記憶力を高める効果の度合いが変わってきます。

2章では、記憶法のポイントとなる「イメージ」について詳しく解説します。

3章では、いよいよ「**記憶力が高まるドリル**」に取り組んでいきます。どれもイメージの力を高める練習です。楽しみながら取り組んでみてください。

4章では、実際の場面でどのようにイメージを使えばよいか、シチュエーション別の具体的なテクニックを紹介していきます。

イメージ記憶法を長く使っていくうちに、**記憶力はもとより脳全体の機能がアップ**したことを自覚できるはずです。

いつまでも若い脳を手に入れ、人生を満喫してください。

それでは、さっそく始めていくことにしましょう。

池田義博

『読むだけで記憶力が高まるドリル』◇もくじ

1章　まずは、記憶力が高まる仕組みを知ろう

2章

「イメージ」は脳の力を飛躍的に高める！

本文DTP　宇那木孝俊

1章

まずは、記憶力が高まる仕組みを知ろう

Q1 体全体が使うエネルギーのうち、脳が消費する割合は？

①　5％
②　15％
③　25％

全体重のうち、脳の重量は約2％といわれています。わずかそれだけしかない脳ですが、消費するエネルギーは膨大です。

体全体が使うエネルギーのうち、脳が消費するエネルギーは約25％にもなります。記憶という機能は、脳にとって大きなエネルギーを要する作業なのです。一節によると、周囲の情報、たとえば見るもの、聞くもの、香り、味などをすべて記憶していったら、およそ5分間で脳が限界にくるとさえいわれるほどです。

ですから、**脳はなるべく負担を減らそうとして、ものごとを覚えないようにしているのです**。脳にとっては、覚えない省エネ運転が通常モードということです。

さらに、脳は一度覚えたものさえ、**なるべく早く忘れようとします**。

記憶というのは、一度で１００％定着することはありません。誰でも最初のレベルから低下していくのは避けられないのです。

そもそも、記憶というのはどういう割合で低下していくかというと、徐々に直線上に低下していくのではなく、**初期の段階で急激に忘れるもの**なのです。その後、緩やかに低下していくという特徴を持っています。

あくまでもこれは、本書のイメージ記憶法などを使わず、どちらかというと根性で覚えたものに対する特徴です。そのため、工夫をして覚えた場合には多少形が変わると思いますが、基本的な性質はこのように思っていて間違いありません。

要するに本来の脳の性質として、「なるべく覚えない」「なるべく忘れる」というのが記憶に関する大きな特徴といえるのです。

こうした理由から、記憶に自信がない人も、それほど心配する必要はないといえます。

A１　③（脳が消費するエネルギーは体全体の約25％）

Q2 記憶の保持期限はいつまで？

① 1週間
② 1カ月
③ 1年

記憶というものは初期の段階で急激に失われていくものだとお伝えしました。

〝TSY〟や〝CJL〟などアルファベットを無作為に組み合わせて作った単語を覚える実験では、**1日経つとおよそ3割の単語しか思い出せなかった**そうです。

ちなみに、まったく思い出せなくなる期限はおよそ1カ月だといわれています。まったく思い出せない状態とは、自分では忘れていたと思っていても、人から言われたときに「そうだった」と記憶を蘇らせることさえできない状態のことです。

これも、当然、意味のあるものの記憶であれば多少変わるかもしれませんが、およそ1カ月と考えておいてよいでしょう。

つまり、勉強などで記憶を保持したい場合、遅くとも最初の1カ月の間に「復習」をしないと、覚えた苦労がムダになってしまうということです。

記憶の司令塔「海馬《かいば》」が記憶に残そうと判断する条件が、頭に入ってくる回数、要するに復習なのです。もちろん、またその復習の時点から記憶の低下は始まるのですが、最初に覚えた時の記憶の減り方よりもなだらかになる特徴があります。

そして、またしばらくして復習すると、さらに減り方はなだらかになっていきます。つまり繰り返して復習することで、忘れることのない記憶が完成することになります。

復習を行なうタイミングは、**「忘れかけの頃に行なうのがベスト」**です。

また、復習は、等間隔ではなく行なうたびに次の期間を延ばしたほうが有効です。

たとえば、覚えた次の日に1度目の復習。2度目はそこから1週間後、そしてそれから2週間後に3度目、3度目の日から4週間後に4度目。

当然、一度で覚えておける量や期間の閾値《いきち》は個人差があると思います。まずはこの基準で試してみて、自分にあったタイミングを見つけてみてはいかがでしょうか。

A2　②1カ月（忘れないためには最低限1カ月のうちに復習が必要）

Q3 人が一度に覚えられる情報の数は？

① およそ1個
② およそ7個
③ およそ14個

記憶には大きく分けると、「**短期記憶**」と「**長期記憶**」の2種類があります。

短期記憶とは、数秒から数分という短時間だけ覚えておくことができる記憶です。覚えていられる時間も短いですが、覚えられる量も少ないです。一度に覚えられる情報量は、「マジカルナンバー7」などとも呼ばれています。人が一度に記憶できる情報量は7個±2個ぐらいが限界というわけです。最近では5個±2個くらいではないかという研究結果もあるようです。

一方、「長期記憶」は、覚えておける時間も長ければ、覚えられる量も多いという特徴を持っています。仕事や勉強の際に欲しいと思う記憶はこちらのほうでしょう。

頭のなかに入ってくる情報は、**最初はすべて短期記憶**です。何も処置をしないとすぐに忘れてしまいます。長期記憶にするにはどうすればよいでしょう。

脳のなかで記憶の司令塔と呼ばれる「海馬」に、**「この情報は重要だ」と思わせればいい**のです。海馬が重要だと判断した情報だけが長期記憶になります。

ここでは、海馬に情報を重要だと思わせるコツを1つ紹介しましょう。

それは「覚えようとする気持ち」、つまり「**やる気**」を大切にするということです。集中力と記憶力は密接に結びついています。集中しないと覚えられません。そして、集中するためには「やる気」が必要です。

脳のなかで「やる気」に関係するのは「側坐核《そくざかく》」という部位です。側坐核が活性化するとドーパミンという神経伝達物質が分泌され、その作用によって集中力が高まり、結果として記憶力の向上につながる仕組みです。

この側坐核を活性化するには、**体を動かすことが有効**とされています。

たとえば、覚えたいことを手を動かして書いたり、声に出したり、それについて思考してみたりと、とにかく体や脳を動かしてしばらく続けることが重要です。

A3 ②（一度に短期記憶に入る情報量はおよそ7個）

Q4 脳の神経細胞は成人を過ぎたら減る？ 増える？

① 成人を過ぎても増える
② 成人前と同数を保つ
③ 成人を過ぎたら減っていく

昔から、年を重ねると記憶力は衰えていくのは当然といわれてきました。

しかし、最近の研究によると、そうでもないということがわかってきました。

たしかに年を重ねると体力も気力も低下します。覚えたものを思い出すのはエネルギーを要する行為なので、面倒に思ってあきらめてしまうのでしょう。

では、子どもはどうかというと、当然、思い出せないことはたくさんあります。だからといって、子どもは「自分って記憶力が悪いなあ」と気にするでしょうか。まったくそんなことは考えないはずです。

それに対して、**大人は記憶力が衰えていくものだという思い込み**があるため、思い出せないことがあるとそれを年齢のせいにしがちなのです。

記憶力にとって、この「思い込み」はとても危険なことです。

「脳の神経細胞は成人を過ぎると減っていく」という話も同様です。

たしかに、脳の神経細胞は日々減っていきますが、同時に、新しい神経細胞もどんどん生まれてくるのです。細胞の減っていくスピードを生まれてくるスピードが上回れば、トータルで神経細胞は増えることになります。

これを示す例に、ロンドンを走るタクシー「ブラックキャブ」の話があります。ブラックキャブの運転手になることは一種のステータスになっています。なぜなら、ロンドンの複雑に配置されている道路、お店や建物の大量の情報を覚えるためには、膨大な記憶が必要になるからです。

このブラックキャブの運転手の脳を調べたところ、一般の人に比べて海馬が大きくなっているのがわかりました。これは大人になってからも脳の神経細胞が増えることを示しています。つまり、**記憶力はいつからでも伸ばすことができる**のです。

A4　①成人を過ぎても増える（思い込みをなくし頭を使っていくことで脳の神経細胞は増やせる）

Q5 1日のなかで暗記に最も適している時間帯は？

① 早朝
② 午前中
③ 夕方
④ 寝る前

1日のなかで、脳が発揮するパフォーマンスの能力は一定ではありません。あるときは高く、あるときは低くというように波のように進んでいきます。

たとえば早朝、起きた直後に勉強するのは悪くありません。**起きてから2時間は集中力が高まる**からです。発想力を求められる課題などは早朝が適しているといえます。

ただ、この時間は起き抜けということもあり、まだ脳も少し寝ぼけているようなところもあるため、「覚える」ことにはあまり向いていません。

その後、午前中はずっと脳にとって高いパフォーマンスが発揮できる時間帯となります。脳を使う課題を持ってくると、とてもはかどることでしょう。「覚える」作業を行なうのも悪くはありません。

昼食後は、午後4時くらいまで脳のパフォーマンスが低下していきます。

できればこの時間帯には、体を動かす作業などに当てると効率がいいでしょう。

その後、また脳は働きだし、だいたい夕食の時間まで記憶力も回復してきます。お子さんの学校の宿題や自習などは、夕食までの時間に当てることが有効です。

夕食後もまた脳のパフォーマンスは低下しますので、休憩に当てましょう。

そして、1日の最後、寝るまでの時間となりますが、じつは**眠る前の2時間が「記憶のゴールデンタイム」**になります。

寝ている最中に、記憶を定着させるために海馬が一生懸命働くからです。

起きている間は、頭のなかに情報がジグソーパズルのようにバラバラの状態で入ってきます。このままでは記憶として脳に定着しません。

海馬はそのバラバラになったピース同士を組み合わせ、整合性を確認して、きちんとした絵にしていきます。その情報だけが、記憶として定着するのです。

A5　④寝る前（寝る前の約2時間が記憶のゴールデンタイム）

Q6 記憶が必要な勉強ではどっちのタイプが有利？

① スピード優先
② じっくり着実

範囲の決まっている学習では、スピード優先タイプが有利です。

たとえば、英語の授業で、単語帳の指定されたページの単語を覚えるという宿題が出されたとします。そして、後でテストを行ない、成果を確かめます。

Aくんは、じっくり着実に覚えておくという方法を取りました。

Bくんは、スピードを上げて範囲全体に目を通し、それを繰り返して単語を覚える方法を取りました。

その後、テストが行なわれ、AくんとBくんはめでたく100点を取ったとします。

ところが、両者の頭に入った記憶には違いがありました。覚えた直後は同じだった記憶も、長く時間が経過したあとには、**Bくんのほうが記憶の定着率が高いままだっ**

たのです。つまり、思い出せる量が多かったということです。

壁をペンキで塗る場合、一度できれいに仕上げることは難しいですよね。厚いところや薄いところなどのむらがあったりして、一度ではきれいに仕上がらないはずです。ペンキを何度も塗り重ねてはじめて、壁はきれいに仕上がるのです。

記憶学習もこれと同じです。**薄い記憶を何度も重ねて厚い記憶にすることで、長期間、頭に残る強い記憶にすることができる**のです。

2番目の理由はメンタルに関するものです。

じっくり着実に覚えていくタイプは、当然その進み具合もゆっくりです。すると、先が見えないことに不安が生じ、気持ちが折れやすくなってしまうのです。

脳は**全体像が把握できると、安心して高いパフォーマンスを発揮**してくれます。

また、全体像が見えれば、2度目からの復習も非常に効率がよくなります。全体像を把握した脳は、優先的に足りないところをピックアップしてくれるからです。

試験勉強など範囲のある学習や、仕事で大量の資料の内容を頭に入れる必要が出てきた際には、スピードを持ち、繰り返しの数を増やして覚えるようにしてください。

A6　①スピード優先（記憶の持続、モチベーションの維持に有利）

Q7 「思い出」に残る出来事、残らない出来事の違いとは？

感情と記憶はとても密接な関係にあります。**感情を伴って頭に入った情報は、強い記憶として頭に残る**のです。

脳の司令塔の海馬、ここで頭に入ってきた情報が重要かそうでないのかを吟味し、重要なものだけを記憶に取り込むという役割を担っています。

この海馬の端にくっついている別の部位があります。「**扁桃体**《へんとうたい》」です。

扁桃体は何をしているところかといえば、喜怒哀楽といった感情を生み出しています。感情を生み出す扁桃体が海馬にぴったりと寄り添っているのです。

何かしらの感情が生まれたときに扁桃体は活性化し、その情報は隣り合った海馬に伝わります。扁桃体の活性化によって、海馬も同様に刺激されるのです。

刺激を受けた海馬は、その情報を重要なものだと判断します。結果、その情報は強い記憶として定着することになります。

思い出も、頭のなかに残っていることから記憶の一種といえます。

思い出のほとんどは、自ら意識して覚えたものではありません。これは価値のある経験や出来事だから、記憶に残しておこうなどとはそもそも考えなかったはずです。自動的に記憶となったのです。

思い出には、うれしいもの、楽しいもの、または悲しいもの、悔しいものといったものがありますが、その共通点はまさに感情が強く反応した出来事なのです。

その経験や体験をしたときに、感情が強く働いた。その感情の刺激を受けた海馬が、自動的に記憶に残したことにより思い出は作られたのです。

本書のテーマである「イメージ」。**イメージを使うのも、じつはこの感情と記憶のメカニズムを利用したもの**です。

その方法については、追って解説していきます。

A7 その経験をしたときに「感情」が強く働いたかどうか。

Q8 年間の死亡件数が多いのは交通事故と心臓発作、どっち？

今回は先に答えをお知らせします。正解は、「心臓発作のほうが多い」です。
もしかすると、交通事故のほうが多いと思ったのではないでしょうか。じつは、そう思っても仕方のない心理的な理由があるのです。

心理学に、「**プライミング効果**」というものがあります。以前に経験したことが、その後の考えや行動に対して知らないうちに影響を及ぼす効果のことです。

つまり、**記憶の影響力はとても大きい**ということです。ただし、この場合の記憶とは、これまでお伝えしてきたものとは違い、自分では記憶していることを意識していない情報、といったものです。

たとえば、前日の夜にラーメン特集を組んだテレビ番組を観たとします。すると、その記憶が無意識のうちに頭のなかに残っていて、次の日外食する際に、なんとなくラーメンを選んでしまうといった現象です。

この例からもわかるように、あらかじめ特定の情報を見たり聞いたり、またその情報について考えたり、想像したりすることが、後になってからの記憶や情報選択といった認知能力に影響を及ぼします。

それならば、この心理現象を仕事や勉強での学習に利用しない手はありません。

つまり、**「予習」をすれば学習効果は高まる**ということです。

ある分野の勉強を始めるときに、事前に初心者向けの書籍を読んでおいたり、インターネットでわかりやすく解説をしているサイトに目を通しておけば、頭への残り方はまったく違うものになるのです。

さて、冒頭の質問についてです。

交通事故による死亡件数のほうが、心臓発作によるものより多いと考えがちな理由も、ある種のプライミングと考えられます。

それは、**「ザイアンス効果」**と呼ばれる心理現象です。

何度も繰り返し同じテレビＣＭを観ることで、お店に行ったときになんとなくそのＣＭの商品が目に飛び込んできて、つい買ってしまうというような現象のことです。

こう聞くと、交通事故のほうが多いと答える人が多くなるからくりも、なんとなくわかってきませんか。

そうです。テレビのニュースです。
テレビのニュースは注目度があるものしか取り上げません。心臓発作はニュースになることはほとんどありませんが、交通事故のニュースは毎日のように流れます。つまりニュースの記憶がプライミングとなって判断に影響を与えたというわけです。

A8　心臓発作（事前に情報を仕入れておくことで後の記憶力をアップさせることができる）

2章

「イメージ」は脳の力を飛躍的に高める！

脳は、言葉より「イメージで覚える」のが得意

みなさんがイメージするイメージとは、どんなイメージでしょうか？
ふざけているわけではありません。とても大切なポイントなので、最初に確認しておきたかったのです。

たぶん、ほとんどの人が考えている通り、本書における「イメージ」も広くは頭のなかに浮かべる絵や映像と考えておいていただいて結構です。そのイメージこそが、記憶力はもとより、ひいては**脳の力全体をアップさせるすごい力を秘めている**のです。

そういえる大きな理由は、脳とイメージの関係性にあります。脳とイメージの相性のよさといってもよいでしょう。

脳はイメージで考えたり、理解したり、記憶したりすることがとても得意なのです。

なぜ脳とイメージの相性がいいのでしょうか。

その理由を考える際には、少し大げさに聞こえるかもしれませんが、人類の進化の

歴史について思いを馳せる必要があります。

人間が進化していくにつれ、その段階ごとに学習やコミュニケーションに使うための情報の形はさまざまに変化してきました。

最初は、ボディランゲージのようなものだったのでしょう。

その後、言葉が生まれ、そして最終的に文字が発明されました。

我々現代人にとっても、主な情報の形とは「言葉」「文字」ですが、よく考えてみれば言葉や文字の使用は、最初から脳に組み込まれていた機能ではありません。

生まれてすぐの赤ん坊は、当然ながら、話すことも文字を読むこともできません。成長するにつれて、学習により言葉や文字について理解していきます。

では、もともと脳に備わっていた思考や情報伝達の手段は何だったかというと、それが頭のなかで想像する力、つまりイメージだったわけです。

頭のなかで想像し、考え、それを伝達や記録のためにアウトプットするときには絵に描くという手段で表現していました。

そうした経緯があるので、脳は今でもイメージの形で考えることが得意なのです。

勉強や仕事において、文字で書かれているテキストや資料の内容が覚えにくいのも至極当然といえるかもしれません。

実際に学習心理学の世界でも、**言葉や文字の状態より、イメージのほうが記憶に残りやすい**こともわかっています。

「富士山の高さは3776メートル」

「ｌｉｂｒａｒｙの意味は図書館」

「794年に都が平安京に移された」

など、言葉や文章による知識の記憶のことを「**意味記憶**」といいます。

この例以外にも、目当ての場所までたどり着くまでの道順、それを言葉で説明したときなども意味記憶です。脳は、この意味記憶が苦手なのです。

それならどうすればいいでしょうか。

先ほどまで紹介してきたイメージを利用すればいいのでは、とピンときた人はすばらしい。まさにそのとおりです。

要するに、**文字や文章の形をイメージに変換**すればいいということになります。

先ほど例にあげた意味記憶、つまり言葉による情報、

「794年に都が平安京に移された」

などは、みなさんも間違いなく一度は聞いたことがあるでしょう。有名なゴロ合わせがあります。

「鳴くよ《794》ウグイス平安京」

このゴロ合わせにより、「鳥のウグイスが平安時代の建物のところで鳴いている」という〝イメージ〟の形に変換できたことになります。

言葉がイメージに変わったので覚えやすくなったのです。

人間が本能として持っているイメージの力を使ったほうが、脳の機能である記憶に関しても断然有利といえるのです。

「言葉よりもイメージ」

これを意識していくと、頭も記憶力もますますよくなっていきます。

本や新聞を読んだり、勉強中の人であれば参考書を読んだり、仕事において指示の内容や作業手順などを示したりと、なんでも構いません。どんなことでも、頭のなかで**イメージすることで、理解しやすくなり、頭にも残りやすくなる**のです。

文章で覚えようとするのは「労多くして功少なし」といえるかもしれません。

成功者たちは「イメージする力」が優れている

イメージの力は、記憶力以外にも、さまざまな能力に影響を与えています。

過去の偉人と呼ばれるような人たちも、この力を活用してきました。

ご存知、相対性理論の生みの親、物理学者のアインシュタインもその一人です。

彼はかつて、同僚にこんなことを言ったことがあります。

「書いたり話したりする言葉というものは、私の思考のメカニズムにおいては何の役割も演じていないようだ。私の思考を形成する超自然的な精神の要素というのはある種の記号であって、それらの明確さはさまざまだが、ある確実な着想や〝イメージ〟であって、自発的に再生したり結びつけたりできる。そうした要素は、私の場合には視覚的なもので力強い記号なのだ。」

要するに、アインシュタインは**思考するときには言葉ではなくイメージを利用**していたということです。その言葉通り、彼が相対性理論を生み出すきっかけになったのも若いときに思い浮かべたイメージからでした。

「光と同じ速さで光線の中を走ったとしたらどうなるだろう?」

まずはこのイメージが出発点となり、後に、

「光の速さの乗り物の中で鏡を見たら、自分の顔は映るのか?」

というイメージにつながり、やがて理論の証明に至ったということです。

イメージは映像に限りません。試しに頭のなかで好きな曲を思い出してください。再現できたはずです。つまり映像以外にも、音もイメージになりうるのです。

音楽の世界でも、イメージを利用していた著名人がいます。

モーツァルトです。彼はそれを匂わせるこんな言葉を残しています。

「長い曲であっても、全体が頭のなかでほぼ完成してできあがった状態で現れるので、優れた絵画や美しい彫刻を観察するようにその曲をひと目で見渡すことができる。しかも、私の想像のなかでは各部が順に聞こえるのではなく、いわばいっせいに聞こえるのだ」

どうですか。これも音楽を頭のなかのイメージでとらえているからこそ、いえることだと思いませんか。

ほかの分野でも、**イメージの力を使って活躍している人**はたくさんいます。

次々と最年少記録を塗り替えている、将棋の**藤井聡太**棋士。

彼があれほど強いのも、イメージを利用していると考えれば納得できます。

対局中は、目は実際の盤面を見ていますが、そのとき頭のなかのイメージも同時に見ているのです。

頭のなかでは、盤面パターンをもとにさまざまな検討が行なわれています。

記憶を頼りに頭のなかで駒を動かしてみて最適な手を見つけ出し、それから実際の駒を動かす、といったことをしているのです。

まだまだこれ以外にも、実業界や芸術の分野など多方面でイメージの力を使って成功している人の話は枚挙に暇がありません。

脳内の話ですので、イメージの力の正体はすべて解明されたわけではありません。けれど、**イメージとは脳の力を一段上のレベルにするための強力な武器**であることには間違いないのではないでしょうか。

世の成功者と呼ばれる人たちは、意識してか無意識かは関係なく、総じてこのイメージの力を利用してきたことは想像に難くありません。

試しに「リンゴを思い浮かべてみてください」

記憶力をアップさせるには、覚えたいものをイメージに変えることが秘訣とお伝えしてきました。それなら、頭のなかに浮かべるイメージはどのような品質のものにしたらいいのかと迷われる人もいることでしょう。

テレビを見ているような感覚なのか、写真のようなものか、はたまたアニメーションのようなものか、イラストのようなものか……。

人の頭のなかを見ることはできないので、自分が浮かべるイメージというものに対して、これでいいのかと確認する術がないのが難しいところです。

しかし、これまでイメージを使って6度の記憶力日本一となり、大量の記憶ができるようになった経験を持つ私からいわせていただければ、それほど**イメージの品質に対してシビアに考える必要はない**といえます。

つまり、動画でも、写真でも、アニメでも、イラストでも、**頭に浮かべやすければ**

全部ＯＫということです。

記憶に有効だからイメージを利用するわけですが、別の見方をすると、イメージとは単に記憶を思い出すための触媒に過ぎないともいえます。

つまり覚えたものを後になって思い出すことができるのであれば、極論ですがどんな品質のイメージでも構わないのです。

とはいえ、何事にも基本があります。イメージ記憶にもそれは当てはまります。

最初のうちは、やはり頭のなかに浮かべる像はできるだけ**はっきりと解像度が高いものにしたほうが記憶には残りやすくなる**といえます。

まずは、頭のなかでしっかり映像を見てください。

ここで、少しみなさんのイメージ力を確認しましょう。

次のイメージを頭のなかに浮かべてください。

「リンゴ」

いかがでしょうか。これは、すぐにイメージできたのではないでしょうか。

写真のようだったとか、イラストのようだったとか、デッサンのようだったとかという人もいるでしょう。

そのリンゴは1つでしたか、それともたくさんありましたか。

赤いリンゴでしたか。それとも青リンゴでしたか。

ほかにも違うイメージだったという人もいるでしょう。しかしながら、本人がそれを見て**「リンゴ」と認識できれば、イメージ記憶においてはOK**なのです。

次の言葉はどうでしょうか。

「自由の女神」

今度はどうでしょう。はっきりと、自由の女神を思い浮かべることができた人もいるかもしれません。はっきりと思い浮かべられた人でも、全身をイメージできた人もいれば、上半身だけという人もいたのではないでしょうか。

イラストや絵画のようなイメージを思い浮かべた人もいるでしょうね。

はっきりとイメージできなかった、という人も多かったと思います。

しかし、そんな人でも、緑色で右手をかかげて、頭にはトゲトゲの被り物をしていったなんとなくぼんやりとしたレベルでは想像できたのではないでしょうか。

記憶法としては、この**ぼんやりとしたレベルでまったく構いません**。こういったイメージはいわば映像半分、雰囲気半分といった状態のものですが、前にもいったとおり、思い出すときのガイドの役目になってくれればよいのです。そのため、この状態のイメージレベルでもOKです。

みなさんも形としては表せないイメージを思い浮かべることがあるはずです。たとえば、「あの人には悪いイメージを持っている」などのときのイメージです。

この場合のイメージは、はっきりした映像というわけではありません。このときのイメージを訳すとすれば「印象」とでもなるでしょう。

この映像としてのイメージと、印象としてのイメージのどちらでもかまわないというのは、脳の思考のいわばクセのようなものが影響しているので、そもそも仕方がないというのもあります。

大きく分けるとすれば、**映像を浮かべるのが得意**なタイプ、**印象を感じるのが得意**なタイプの2つにわけることができます。

どちらのタイプがよい、悪いというわけではありません。

いわば、それぞれの脳のクセのようなものです。

左脳と右脳ではほんのわずかですが機能が変わりますので、それが思考にもある程度影響を与えるのだと思います。

何が言いたいかといえば、**脳のクセは人それぞれ**なので、映像化が得意なタイプ、印象やニュアンスで捉えるのが得意なタイプがそもそも存在するということです。

しかし、どちらのタイプでも、イメージ記憶法ではイメージとして遜色なく使えるということをここではお伝えしたかったのです。

脳は「現実」と「イメージ」を区別しない

イメージすることが記憶力やそのほかの能力に影響が大きい理由として、もう1つ次の性質があります。

それは、**「脳は現実とイメージを区別しない」**というものです。

以前こんな実験がありました。

その実験の被験者として、まずは健康な成人34名が集められました。

実験で、彼らにはこんな要求が出されたのです。

「『house（家）』といわれたら、自分の家のなかで部屋から部屋に移動し続けることを頭のなかでイメージするように。『ｔｅｎｎｉｓ（テニス）』といわれたら、相手とテニスのラリーを続けているところを頭のなかでイメージするように」

実験の際には、彼らの脳内の活動をｆＭＲＩ（磁気共鳴機能画像法）という装置で観察したのです。

すると、「ｈｏｕｓｅ（家）」といわれて家のなかを移動するイメージを思い浮かべているときには、実際に家のなかを歩き回るときに活動する脳の部位が活性化したというのです。

また、「ｔｅｎｎｉｓ（テニス）」といわれてテニスのラリーのイメージを思い浮かべているときには、実際に運動を行なうときに活動する脳の部位が活性化したのです。

つまり、想像のなかで空間を移動したり、手を動かしたりすると、実際に空間を移動したり、手を動かしたりするときに活動するのと同じ脳の領域が活性化したのです。

このことから、「視覚から受ける現実の情報」と「頭のなかで思い浮かべるイメージの情報」を、**どちらも区別せず、脳は同じ比重で反応する**ことがわかります。

イメージの力は、ときに行動にまで影響を与えることがわかっています。

あらかじめ想像したイメージが、後の行動を決定することがあるのです。

1章でも紹介した「プライミング効果」は、以前に経験したことが、その後の考えや行動に対して知らないうちに影響を及ぼす効果のことでしたが、この経験というのが、ここでのポイントです。ここでは、現実的な行動だけを指すのではなく、**イメージによる経験も含まれる**のです。

ここで、興味を引く実験例を1つ紹介しましょう。

ニューヨークの大学生に対して行なわれた実験です。

被験者に与えられた5つの単語のなかから、4つの単語を選び、それを使って短文を作ってもらうという課題が与えられました。

その際、あるグループに対してだけ、与える単語のなかに**高齢者を連想させる単語**をいくつか混ぜておきました。

そして、その文章作成テストが終わった後、学生たちに別の実験があるからといって、別室に移動させたのです。その際、学生たちの別室への移動時間を、密かに測定していました。

その結果、高齢者に関する単語をたくさん使ったグループは、**歩く速度がほかのグループに比べて遅くなる**という結果になったのです。

無意識にもかかわらず、高齢者というイメージを頭に思い浮かべたことによって、実際の行動自体に無意識に影響を与えたのです。

その後の行動にさえ影響を与えるイメージの力。先ほどの実験ではマイナス方向に働きましたが、事前に本人にとってプラス方向のイメージを持つことによって、今度はその後の行動をよい方向に導くことができるでしょう。

掃除をするときでも、料理をするときでも、または仕事においても、勉強においても、あらかじめ頭のなかで**理想的な完成状態をイメージ**してから始めると再現性がより高くなり、望ましい結果に近づけられます。

さらに大きな視点で見れば、目標達成のテクニックとしても使えそうです。

ぜひ日常生活において、イメージの力を活用してください。

絵を5秒見るだけで、どれだけ覚えられる？

次のページの絵を5秒間見たら、その次のページへ進んでください。

突然ですが、ここで問題です。

前のページに戻らずに、絵について次の質問に答えてください。

Q1　手前の人が指差していた手は右手?　左手?

Q2　浜につけられていたボートは何艘ありましたか?

Q3　空に浮いていた雲はいくつでしょうか?

Q4　カモメは何羽飛んでいたでしょうか?

Q5　地面の草を食んでいた牛は何頭いましたか?

みなさん、絵についての質問に答えられましたか。

満点だったという人はいるでしょうか。もしいたとすればその人は、特殊能力をお持ちの可能性があります。

ちなみに、私はといえばほぼ答えられません。

じつはこの問題の種明かしをすると、ほとんどの人にとってできなくて当たり前の問題なのです。

「できない問題を出したのか！」と怒らないでくださいね。

目で見ただけで頭に入れるというのも、記憶の一種ではあります。この種類の記憶を、**「写真記憶」**や**「映像記憶」**、または**「直観像記憶」**といいます。

簡単にいうと、風景を写真に撮るような記憶のことです。

みなさんは、「記憶力」とはこういうものだと思っていませんでしたか。多くの人は、記憶というと自動的に見たものや聞いたものが頭のなかに焼きつく能力のことだと考えています。

その認識を変えていただきたいがために、こういった問題を用意しました。

この写真記憶の能力は、子どものころは、だれしもある程度は持っている能力なのですが、**大人になるとほぼ消滅**してしまいます。

その境は思春期くらいになります。なかにはこの特殊能力を大人になってからも保持している人たちがいるのですが、これはほんのわずか、特別のケースです。

そんなわけで、大人になってからこの能力を伸ばそうとトレーニングしてもあまり意味はないということになります。

たしかにこの写真記憶のトレーニングを続けていけば、あるいは秒単位で記憶時間を伸ばすことは可能かもしれません。しかし、現実の勉強や仕事、そのほかの日常生活のことを考えると、到底、使えるレベルの記憶とはいえません。

「記憶のスイッチをオンにする」2つの条件

本書でみなさんにお伝えする記憶は、そうした種類の記憶とは別のものです。記憶と聞くと、ともすると覚えることだけに注目しがちですが、心理学的な定義では、**「記銘」（覚える）**→**「保持」（覚えておく）**→**「想起」（思い出す）**という工程を経たものを記憶といいます。

頭に入ってはいるけれども思い出せないのであれば、実用的な記憶に限れば、そもそも記憶として完成していないことになります。

実用的な記憶とは、頭に入っているだけではなく、**いつでも意図して思い出すことができることが大前提**ということになります。

たとえば、大事な試験の最中に、テキストのあのページに載っていたのは見た覚えがあるのだけれど思い出せない。あるいは、営業の仕事をしている人が、目の前のお客様の名前を思い出せない。などという自体に直面したら、ある意味致命的ではないでしょうか。

だから、実用的な記憶、あるいは使える記憶とは何かといえば、

「いつでも自由自在に自分の意志で取り出すことができる記憶」

であるといえます。

自由自在に思い出せる記憶にするためには、最初の記銘という覚える段階が一番重要になってきます。

そのとき、先ほどの写真記憶のように、視覚やほかにも聴覚といった感覚器官だけに頼っていてはだめだということになります。入ってくる生の情報をそのまま取り込もうとしても、使える記憶にはなりません。

そこで頭のなかに取り込む際には、情報は生のままではなく、加工処理が必要になってきます。情報にある処理を施して、記憶に残りやすい形に加工することが必要なのです。

その加工処理とは、どのように行なえばよいのでしょうか。

そのヒントが1章でお伝えした、脳の記憶のメカニズムのなかにあります。

情報を加工処理する理由、それは情報がその形であれば脳の記憶のスイッチがオンになってくれるからです。

その条件とは大きく2つです。このうちの少なくとも、どちらか一方が働いていないとオンになることはありません。


1つが、「**当人が覚えようと意識すること**」です。

もう1つが、「**感情が動くこと**」です。


この条件が働いたとき作られる記憶の種類の1つに、「**エピソード記憶**」というものがあります。

エピソードという名の通り、経験したことの記憶です。

以前紹介した「思い出」も、じつはエピソード記憶です。思い出の場合は、先ほどの2つの条件のうち、感情が動いたことが影響しています。

感情が動いたことだけで思い出として強く記憶に残るのですから、これに覚えようとする意志まで加わると、さらなる記憶力アップが期待できることになります。

本書でお伝えする「イメージ記憶」とは、この2つの条件を含んでいます。

イメージ記憶とは、簡単にいうと、**覚えるものをイメージに変えて覚える方法**です。イメージに変換することが、先に述べた覚える際の情報の加工処理というわけです。

覚えるものをイメージに変えることが、なぜこの2つの条件にかなうかを説明しましょう。

たとえば、ある言葉があったとして、その言葉に何も関心がなければ、脳には負担はかかりません。

言葉をイメージに変えて想像するという行為は、見方を変えると脳のエネルギーを使ってまでそれがしたい、という意識の働きと捉えることができます。

つまり、イメージを作ろうとすることは、**覚える対象に関心を持っている証拠**であるのです。これまで言ってきた通り、興味や関心のある対象に対しては、自動的に記憶力がアップするというわけです。

そしてまた、頭のなかで何かしらのイメージを作ったとします。

想像して欲しいのですが、自分で考えて作った映像を頭のなかで見たときに、心はまったく動かないものでしょうか。

そのイメージに対する**印象を感じたり、感想が浮かんだり、あるいは感情が生まれたりする**はずです。それが脳の扁桃体を刺激して、ここでも記憶力アップにつながるという仕組みです。

これで、イメージすることによって自動的に先程の2つの条件をクリアしていることがおわかりになったと思います。

「ペアリング」は、イメージ記憶の最強テクニック

この項では、**イメージを使った実用的な最強の記憶テクニック**を1つ紹介します。

実用的ということは、日常生活のなかのさまざまな場面において、記憶が必要とされる一番多いパターンに対応できるものになります。

そう考えてみると、勉強や仕事といった分野も含む日常のなかで要求される状況の

ほとんどが、「○○は何?」と問われたとき、それに対応する「それは△△」という1つの答を導き出すというケースがほとんどだと思いませんか?

試験勉強などは、ほぼこれでカバーできてしまいます。

「平安京が遷都されたのはいつですか?」という以前の問いの例であれば、「794年です」といった具合です。

ほかにも、この1対1のセットは英単語なども該当します。

「school の意味は?」「学校」

「泳ぐの英語は?」「swim」

——これらの関係も1対1です。

要するに、仕事や勉強、またはそのほかの日常生活において、ほとんどの知識や情報はこの1対1のセットです。片方を問われたときに、その相手を答えられさえすればほとんどの場合フォローできてしまいます。

言葉をイメージに変えるだけでも記憶力は上がりますが、さらにアップさせることができる重要なポイントがあります。

個別の情報同士に新しい関係性を持たせるというものです。新しい意味づけをするといってもよいでしょう。

この考え方を取り入れたのが、「**ペアリング**」というテクニックです。

簡単にいうと、それぞれの言葉のイメージを合わせて1つのイメージを作る方法です。そのときの〝合わせ方〟が、先ほどいった新しい意味づけになるのです。

例を挙げて説明します。


「リンゴ」という言葉と「東京タワー」という言葉を一緒に覚える必要があったとしましょう。

まずはこれら2つの言葉が合わさった、1つのイメージを頭のなかに思い浮かべます。

自由な発想で作るのがポイントです。現実的なところを離れ、子どもの心に戻って突飛なイメージを作ったほうが記憶には残りやすくなります。

みなさんも、リンゴと東京タワーを合わせて、どんなイメージになるか少し頭のなかに思い浮かべてみてください。

どんなイメージが思い浮かびましたか？

私がイメージしたのは、

「東京タワーのてっぺんに巨大なリンゴが突き刺さっているイメージ」

です。

これが正解といっているわけではありません。**作るイメージは、人それぞれで構いません**。

記憶するときは、このイメージだけです。文字情報はどこにもありません。

後になって「リンゴの相手は？」と質問されたときに、てっぺんにリンゴを指した東京タワーのイメージを思い出せば、相手の言葉「東京タワー」が簡単に答えられるという仕組みです。


それでは、ここで少しワークをしてみましょう。

次のページに、言葉の組を5組用意しました。今の要領で、2つの言葉を合わせたイメージを5個、頭のなかに作ってください。

ここまでの説明でおわかりの通り、頭のなかで作ったイメージを見ることが最重要ポイントです。よく2つを合わせた状態の言葉だけ作って覚えた気になっている人がいるのですが、それでは記憶に残りません。
必ず作ったイメージを頭のなかで見るようにしてください。

①「道路」—「ワニ」
②「札束」—「クモの巣」
③「ピラミッド」—「のこぎり」
④「メガネ」—「大仏」
⑤「花火」—「富士山」

※それぞれ5つのイメージが作れて、頭のなかに見えたら、次のページに進んでください。

いかがだったでしょうか。
今、作ったイメージを思い出しながら、相手の言葉を埋めてください。

「のこぎり」―「　　　」

「富士山」―「　　　」

「道路」―「　　　」

「クモの巣」―「　　　」

「大仏」―「　　　」


どうでしたでしょうか。

きっと簡単に、相手の言葉を思い出せたことでしょう。

1対1のセットで情報を覚えるときには、この要領で1つのイメージにして頭に入れておけば、どちらの言葉を訊かれたとしても、相手の言葉を答えることができるようになります。

このペアリングが上達していくと、1つのイメージのなかに入れ込む情報の数を増やしていくこともできるようになります。

イメージのペアリングを、ぜひお試しください。

イメージを使えば、何歳からでも記憶力が高まる！

イメージを自由自在に操れるようになると、それに伴って向上する能力があります。**「空間認識能力」**です。

空間認識という能力は、頭のなかで物体を想像したり、建物の間取りや町並みを思い出したりすることができる能力のことです。

ほかにも、意外なところでは**時間の長さをイメージする能力**なども含まれます。「明日の午前10時に会いましょう」といわれた場合、そこまでの時間の長さの感覚がわかるという能力も、この空間認識能力のなかに含まれています。

最近の研究により、この能力が俄然、注目されているのはご存知でしょうか。子どもの将来の勉強能力や、職業における業績を正しく予測するために、この空間認識能力が使えるのだそうです。

空間認識能力は、脳のなかの「空間認知中枢」が機能を担当しています。

絵を描いたり、頭のなかにイメージを思い浮かべたり、バランス感覚が必要な自転車に乗るといった行為やスポーツなどの身体を動かす場面においても、重要な役割を担っています。

ものごとの**認識**や**判断**、**思考**、もちろん**記憶**においても、空間認識能力の働きが必要となってきます。この能力が低い人は、判断を誤ることが多かったり、記憶がなかなかできなかったりするともいわれています。

ほかにも、**作業や仕事の手順を考える**ときなども、この能力が必要になってきます。複数の仕事を頭のなかで並べたり、組み替えたりしてベストな流れを考えるといった全体像を把握する能力も、空間認識の能力というわけです。

イメージ記憶、つまり頭のなかでイメージを作ったり、動かしたり、組み合わせたりといったことを、日々、使い続けていくことで、この空間認識能力も後天的に伸ばしていくことができます。

さらに、イメージ記憶で期待できるのが、**脳の認知機能の維持、および向上**です。

シニアと呼ばれる世代にもかかわらず、脳の認知機能が若い世代と変わらないスーパー・エイジャー。彼らの脳の共通点は、感情に関わる部分が活性化しているということでした。つまり、感受性豊かな人たちです。

感受性が豊かだと、知的好奇心が旺盛になります。よって、興味や関心を持つ事柄が増え、そこから感動することも多くなります。その感動が感受性をさらに豊かにし……というような、脳にとってよいサイクルをもたらすのです。

みなさんもイメージ記憶を続けていくことで、スーパー・エイジャーに近づくことができるかもしれません。

そのわけは、そもそもなんで記憶のためにイメージを使うかを思い出してください。

無味乾燥な言葉や文字、文章といったものをイメージに変えることによって、何かしらの感情や印象が生まれることを期待してのことです。

感情を生み出す扁桃体が活性化し、それに刺激を受けた海馬が記憶を強化してくれるという話を、以前、紹介しました。

要するに、イメージ記憶を続けていくことは、扁桃体をたくさん活性化するということです。

それが感受性を育むことになり、好奇心を生みだし、結果的に認知機能の維持や向上につながっていくのです。

みなさんもイメージ記憶によって、記憶力はもちろん、脳全般の能力を向上させてスーパー・エイジャーを目指しましょう。

3章

イメージで脳を刺激！「記憶力が高まる」ドリル

イメージ感知力を高めるドリル

世の中にはもの覚えがいい人、あまり覚えられない人の両方がいます。

それは先天的な能力の差ではなく、もの覚えがいい人は、ある脳の記憶の仕組みを無意識に利用しているからにすぎません。

その仕組みを利用した方法が**「隠れた情報に気づく」**というものです。

覚えようとする情報をそのままの形で覚えようとすることを「丸暗記」といいますが、記憶にとってはあまり得策ではありません。なぜなら覚える段階で思考が働いていないからです。記憶力を高めるためには**「思考が働くこと」が重要**なのです。

「隠れた情報に気づく」ということは、つまり思考が働いていることを意味します。

身近な例では、「ゴロ合わせ」なども隠れていた言葉に気づけたので作れるのです。

隠れた情報に気づけるようになるには、違いに気づく能力を鍛えることが有効です。

ここではそんなドリルを紹介します。なるべく早く間違いを見つけましょう。

記憶力アップ！ イメージ感知力を高めるドリル 例題

▶他と違う図がひとつあります。どこでしょう？

回答

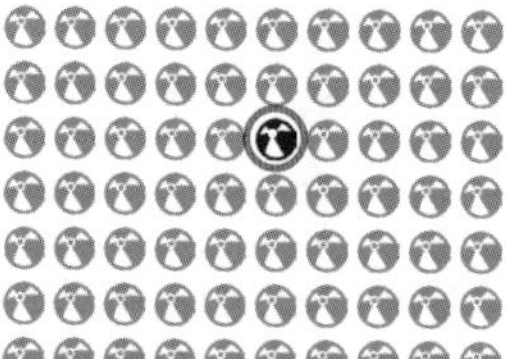

①

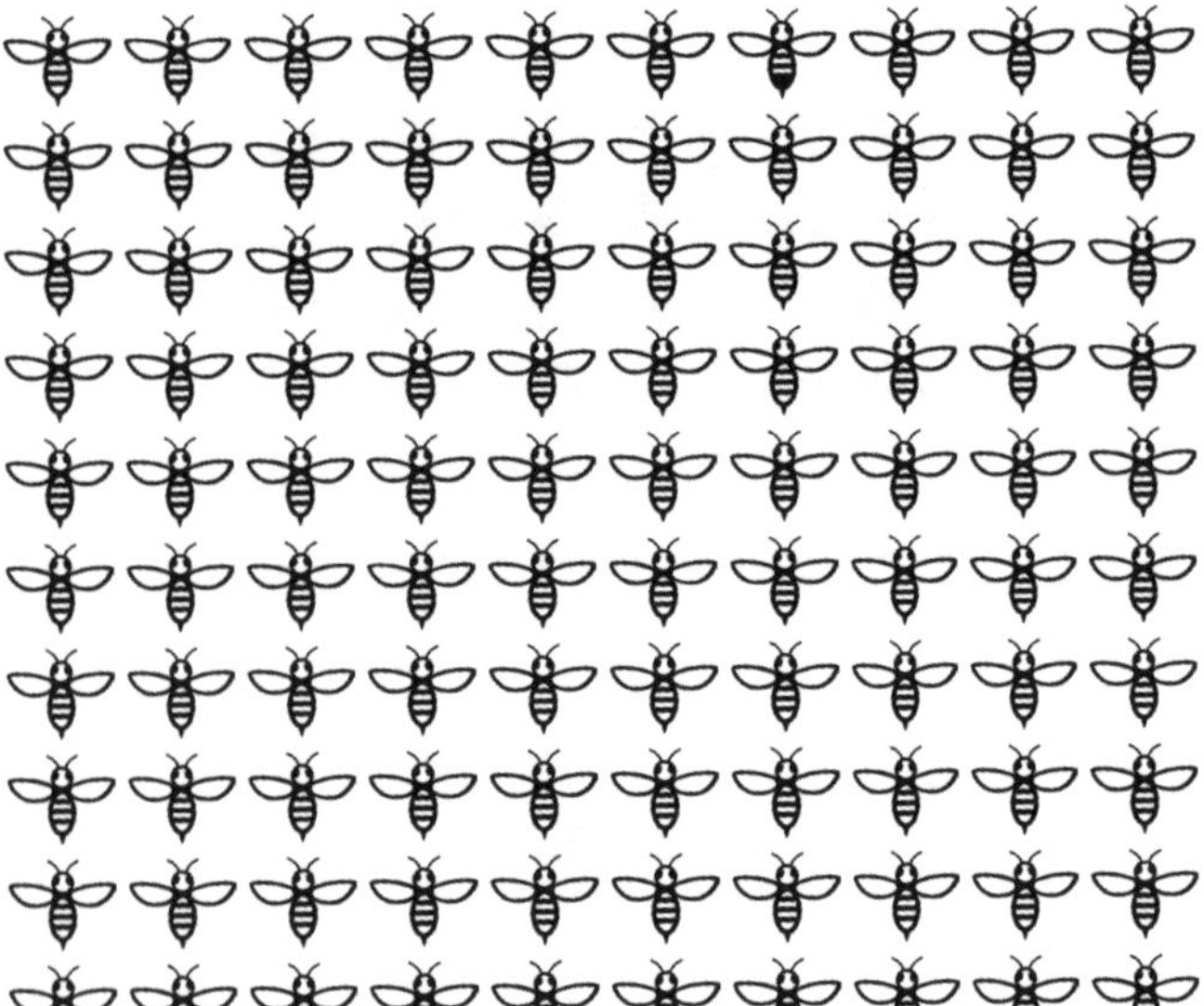

▶他と違う図がひとつあります。どこでしょう？

答えは76ページ

②

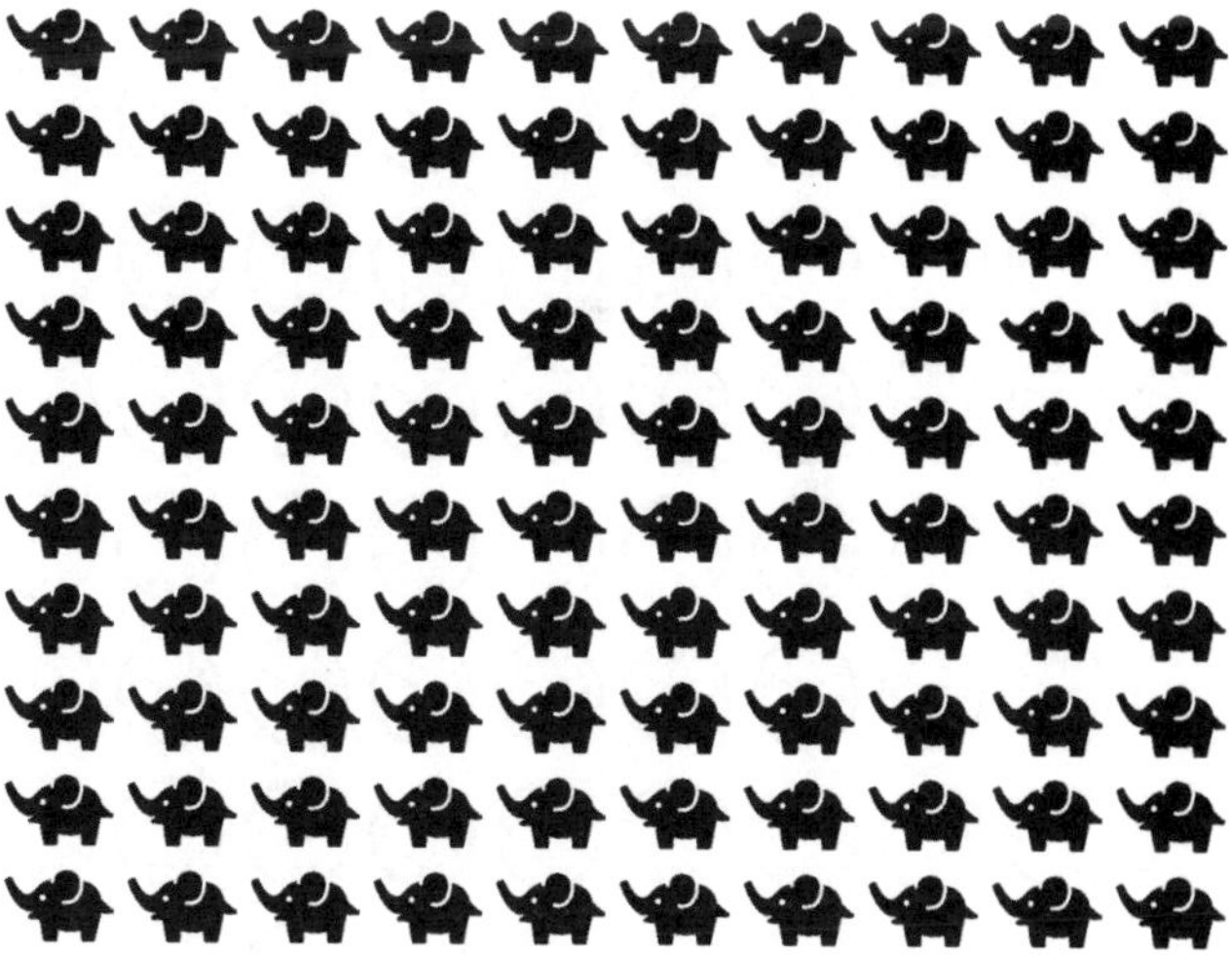

イメージ感知力を高めるドリル

③

▶他と違う図がひとつあります。どこでしょう？

答えは76ページ

④

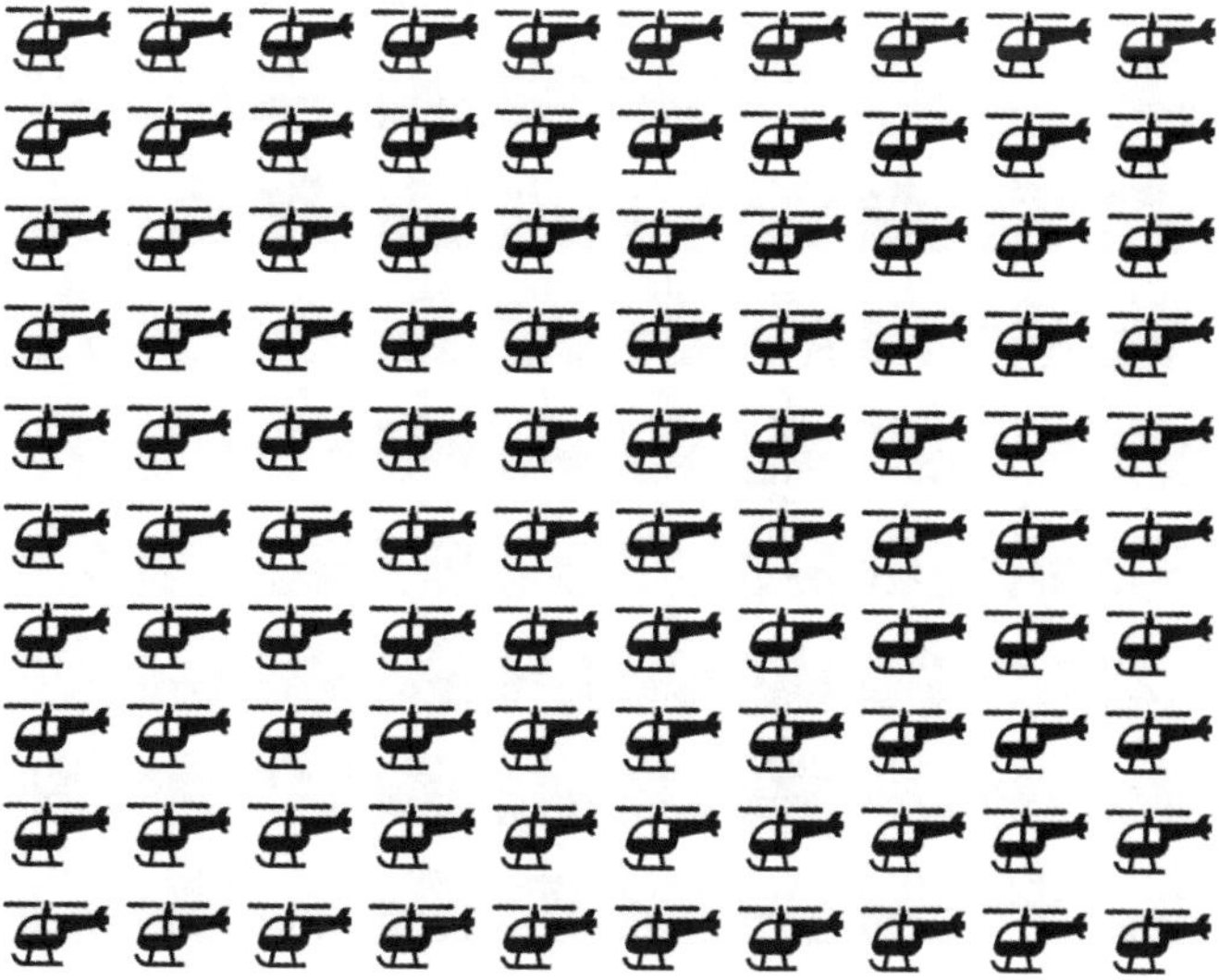

⑤

▶他と違う図がひとつあります。どこでしょう？

答えは77ページ

⑥

⑦

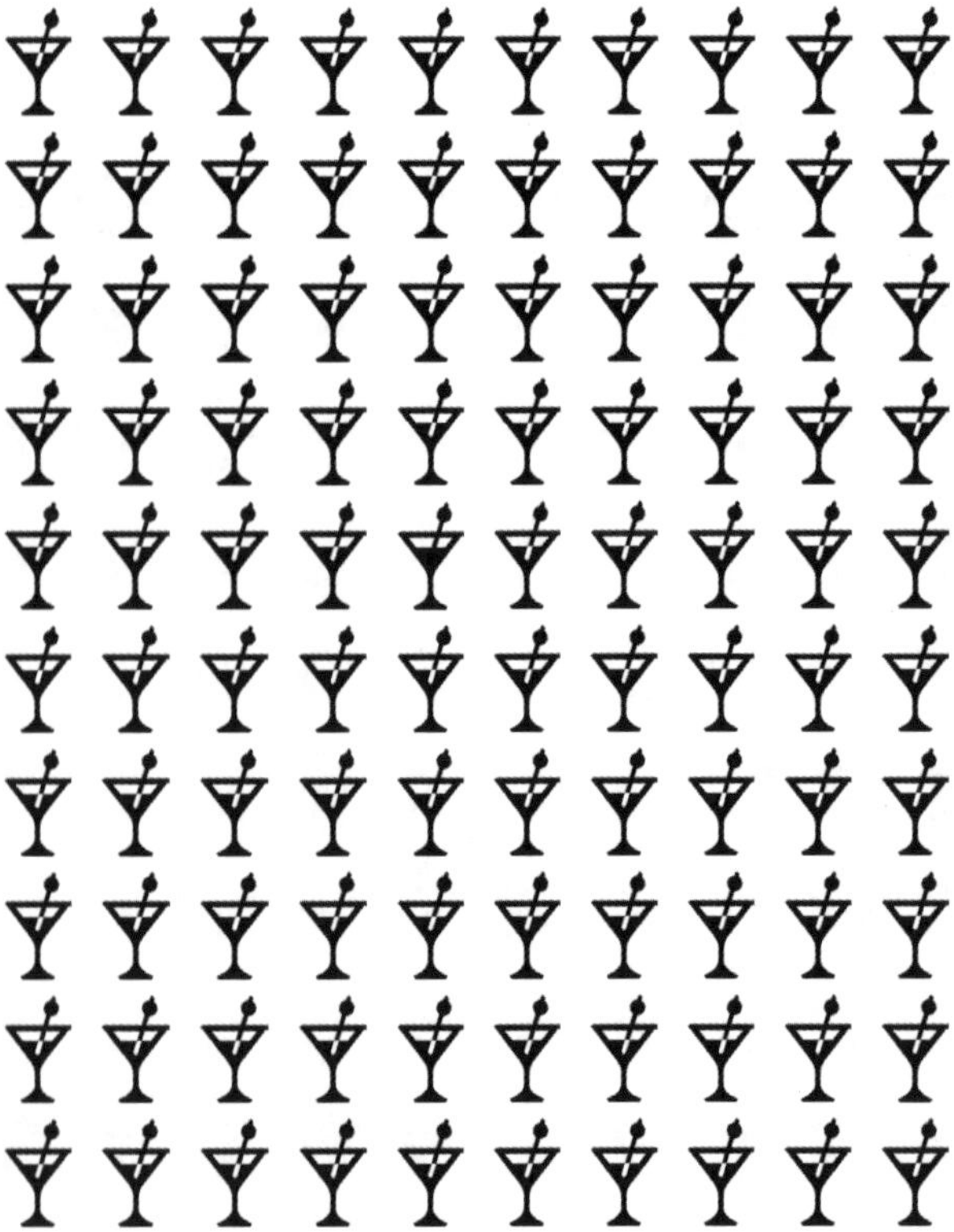

▶他と違う図がひとつあります。どこでしょう？

答えは77 ページ

⑧

記憶力アップ!

イメージ感知力を高めるドリル ①〜⑧の回答

①

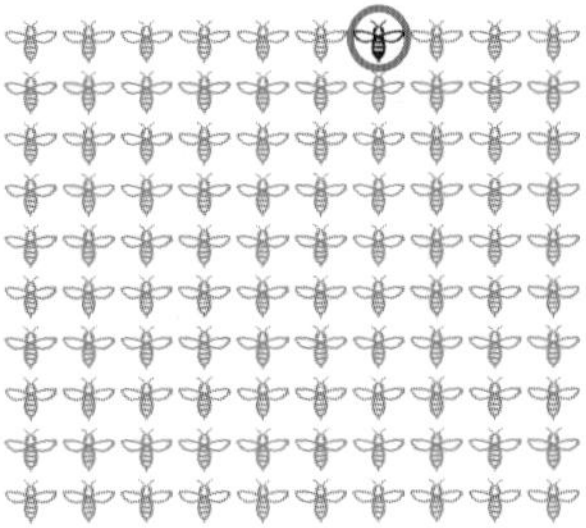

②

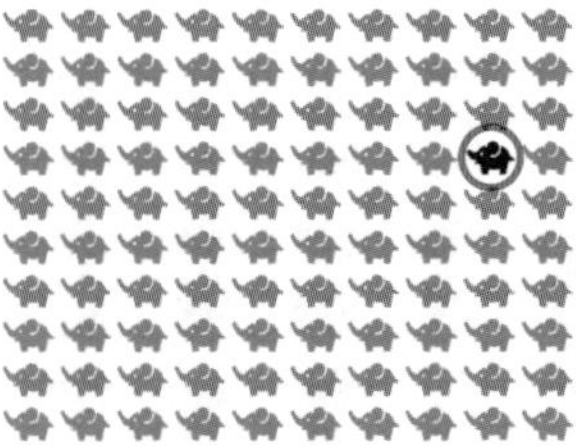

③

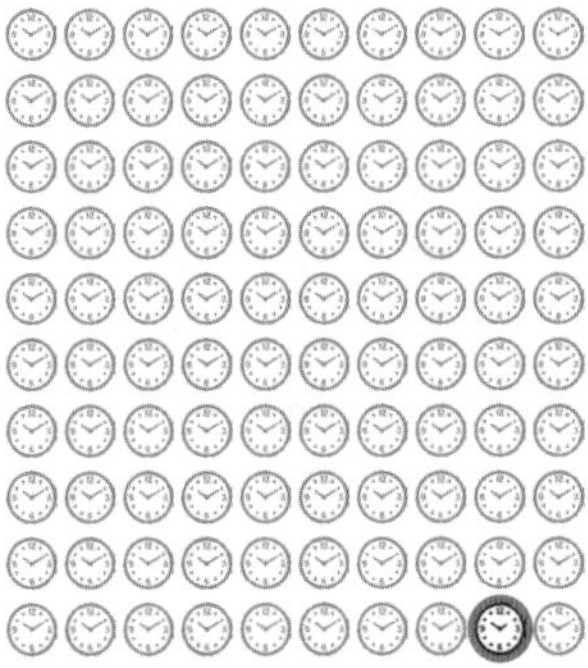

④

⑤

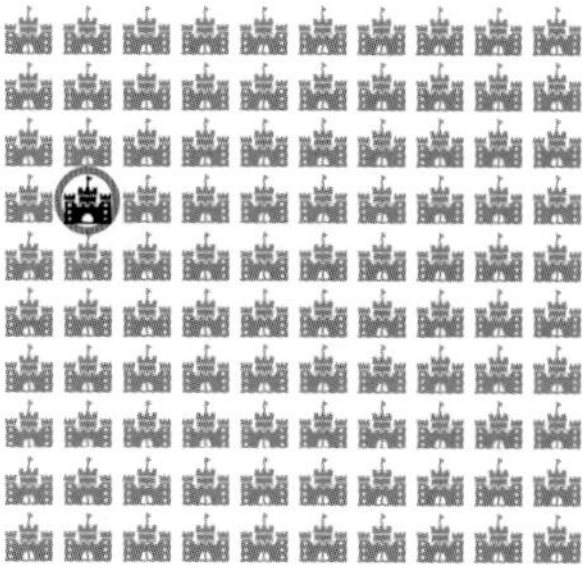

⑥

⑦

⑧

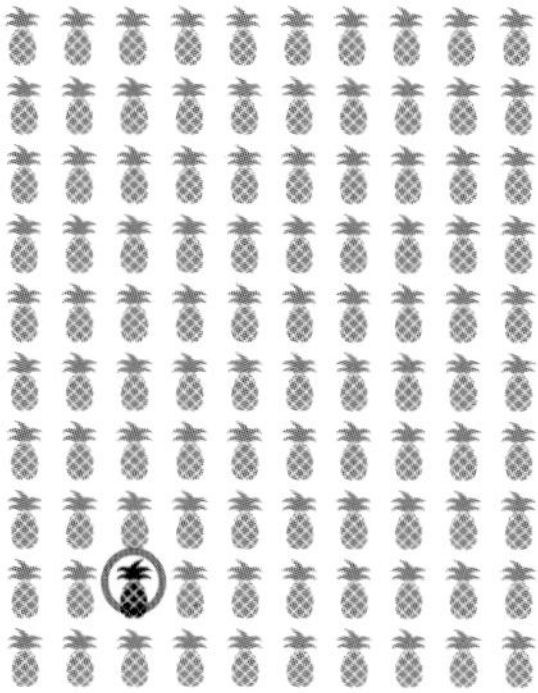

イメージを記憶から引き出すドリル

日々の生活全般において、行動をスムーズにこなせるのにはわけがあります。心理学用語で「**スキーマ**」と呼ばれる、知識や情報のネットワークを誰もが頭のなかに持っています。このスキーマを利用しているため、日常のさまざまな行動をとまどわず、スムーズに行なうことができるのです。

たとえば、はじめて乗る電車やバスの乗り方がわかるというのもその1つの例です。つまり、はじめて使う路線であっても乗り方が理解できるのは、頭のなかに「乗り物スキーマ」があるからなのです。

記憶の性質として、何か新しいものを学ぶとき、**既知の知識と照合することによって記憶に残りやすくなる**という仕組みがあります。

ここでは、みなさんの頭のなかのスキーマからイメージを取り出す練習をしてみましょう。すでに持っているイメージをスムーズに引き出すことができれば有利です。

記憶力アップ! イメージを記憶から引き出すドリル 例題

▶4つの言葉から連想する1つの言葉を答えてください

①

雪	砂糖	雲	牛乳

▶2つの言葉の共通点を見つけてください

共通点

② 風船 [　　　] ゼリー

▶最初の言葉から、「～といえば～」というように
最後の言葉まで連想でつなげてください

③ 野球 → [　　] → [　　] → 割りばし

回答 ① 白

② 弾力性

③ 野球 → バット → 木 → 割りばし

※ 答えが複数になることもあります
※ 個人的に共通と思えば OK です
※ 多少強引でも個人的につながると思えば OK です

記憶力アップ!

イメージを記憶から引き出すドリル①

❶

スケジュール	曜日	12	卓上

❷

日本	塩	ぼうず	水

❸

うどん	タイ	香辛料	インド

❹

魚	子犬	白鳥	サソリ

❺

コロナ	系	光線	発電

▶4つの言葉から連想する1つの言葉を答えてください

答えは次ページ

❻

誕生	漬け物	頭	ダイヤモンド

❼

悲しみ	喜び	目	液体

❽

雷	ダム	自動車	省エネ

❾

国会議事堂	浅草	都	スカイツリー

❿

黒	白	粉	甘い

記憶力アップ!

イメージを記憶から引き出すドリル①の回答

あくまでも参考例です。他の答えでも個人の主観でOKです

❶

スケジュール	曜日	12	卓上

カレンダー

❷

日本	塩	ぼうず	水

海

❸

うどん	タイ	香辛料	インド

カレー

❹

魚	子犬	白鳥	サソリ

星座

❺

コロナ	系	光線	発電

太陽

❻

誕生	漬け物	頭	ダイヤモンド

石

❼

悲しみ	喜び	目	液体

涙

❽

雷	ダム	自動車	省エネ

電気

❾

国会議事堂	浅草	都	スカイツリー

東京

❿

黒	白	粉	甘い

砂糖

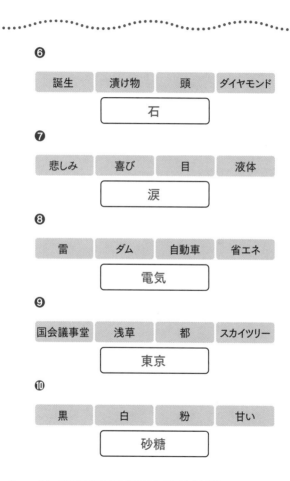

記憶力アップ!

イメージを記憶から引き出すドリル②

❶

悪	睡眠	占い	バク

❷

暖房	正月	雪	休み

❸

透明	氷	ペットボトル	蒸気

❹

アフリカ	牙	インド	マンモス

❺

揮発性	鮫皮	寿司	香辛料

▶4つの言葉から連想する1つの言葉を答えてください

答えは次ページ

❻

粉	高価	メダル	金属

❼

曇り	工芸	コップ	窓

❽

発酵	コルク	赤白	ソムリエ

❾

コピー	飛行機	お金	ノート

❿

針	毒	蜜	巣

記憶力アップ!

イメージを記憶から引き出すドリル②の回答

あくまでも参考例です。他の答えでも個人の主観でOKです

❶

悪	睡眠	占い	バク

夢

❷

暖房	正月	雪	休み

冬

❸

透明	氷	ペットボトル	蒸気

水

❹

アフリカ	牙	インド	マンモス

象

❺

揮発性	鮫皮	寿司	香辛料

わさび

❻

粉	高価	メダル	金属

金

❼

曇り	工芸	コップ	窓

ガラス

❽

発酵	コルク	赤白	ソムリエ

ワイン

❾

コピー	飛行機	お金	ノート

紙

❿

針	毒	蜜	巣

蜂

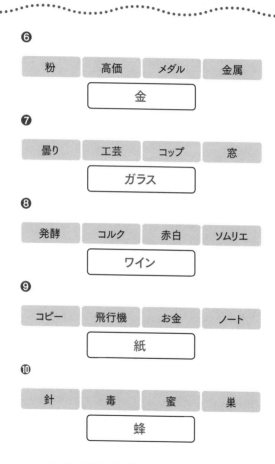

記憶力アップ!

イメージを記憶から引き出すドリル ③

❶

ブラシ	医者	虫	石

❷

ハート	52	大統領	カード

❸

道	磁石	貧血	サビ

❹

プレート	速報	津波	なまず

❺

芝	ティー	ボール	ドライバー

▶4つの言葉から連想する1つの言葉を答えてください

答えは次ページ

❻

火山	効能	旅館	硫黄

❼

豆	ゼリー	カフェイン	粉

❽

神戸	ロデオ	善光寺	ステーキ

❾

カレー	耳	クリーム	酵母

❿

ひかり	グリーン	つばさ	鉄道

記憶力アップ!

イメージを記憶から引き出すドリル③の回答

あくまでも参考例です。他の答えでも個人の主観でOKです

❶

ブラシ	医者	虫	石

歯

❷

ハート	52	大統領	カード

トランプ

❸

道	磁石	貧血	サビ

鉄

❹

プレート	速報	津波	なまず

地震

❺

芝	ティー	ボール	ドライバー

ゴルフ

❻

火山	効能	旅館	硫黄

温泉

❼

豆	ゼリー	カフェイン	粉

コーヒー

❽

神戸	ロデオ	善光寺	ステーキ

牛

❾

カレー	耳	クリーム	酵母

パン

❿

ひかり	グリーン	つばさ	鉄道

新幹線

記憶力アップ!

イメージを記憶から引き出すドリル ④

❶

真空	ステーション	ブラックホール	飛行士

❷

客	風	海賊	釣り

❸

色	水中	虫	伊達

❹

ジェット	雪	板	水上

❺

黒	穀物	寿司	酸

▶4つの言葉から連想する1つの言葉を答えてください

答えは次ページ

❻

海外	カバン	卒業	新婚

❼

柱	山	花	薬

❽

アルミ	コーヒー	ドラム	空き

❾

自転	自動	人力	救急

❿

狩り	ケーキ	ベリー	ジャム

記憶力アップ!

イメージを記憶から引き出すドリル④の回答

あくまでも参考例です。他の答えでも個人の主観でOKです

❶

真空	ステーション	ブラックホール	飛行士

宇宙

❷

客	風	海賊	釣り

船

❸

色	水中	虫	伊達

眼鏡

❹

ジェット	雪	板	水上

スキー

❺

黒	穀物	寿司	酸

酢

❻

海外	カバン	卒業	新婚

旅行

❼

柱	山	花	薬

火

❽

アルミ	コーヒー	ドラム	空き

缶

❾

自転	自動	人力	救急

車

❿

狩り	ケーキ	ベリー	ジャム

イチゴ

記憶力アップ！

イメージを記憶から引き出すドリル ⑤

❶

共通点

インク		ワイン

❷

共通点

ハンドル		鉄棒

❸

共通点

イチゴ		血液

❹

共通点

水		空気

❺

共通点

たんす		バット

▶2つの言葉の共通点を見つけてください

答えは次ページ

❻

共通点

夜		カラス

❼

共通点

イギリス		アメリカ

❽

共通点

ボール		地球

❾

共通点

なわとび		ホース

❿

共通点

トイレットペーパー		雪だるま

記憶力アップ！

イメージを記憶から引き出すドリル⑤の回答

あくまでも参考例です。他の答えでも個人の主観でOKです

❶

	共通点	
インク	液体	ワイン

❷

	共通点	
ハンドル	握る	鉄棒

❸

	共通点	
イチゴ	赤い	血液

❹

	共通点	
水	透明	空気

❺

	共通点	
たんす	木製	バット

❻

	共通点	
夜	黒い	カラス

❼

	共通点	
イギリス	英語	アメリカ

❽

	共通点	
ボール	丸い	地球

❾

	共通点	
なわとび	細長い	ホース

❿

	共通点	
トイレットペーパー	白い	雪だるま

記憶力アップ！

イメージを記憶から引き出すドリル⑥

❶

共通点

マグカップ		虫メガネ

❷

共通点

ダイヤモンド		炭

❸

共通点

川		雲

❹

共通点

時計		スズメバチ

❺

共通点

骨		牛乳

▶2つの言葉の共通点を見つけてください

答えは次ページ

❻

	共通点	
月		木

❼

	共通点	
ごみ		ストレス

❽

	共通点	
洗濯機		竜巻

❾

	共通点	
お餅		輪ゴム

❿

	共通点	
抹茶		薬

記憶力アップ!

イメージを記憶から引き出すドリル⑥の回答

あくまでも参考例です。他の答えでも個人の主観でOKです

❶

マグカップ	共通点 丸い	虫メガネ

❷

ダイヤモンド	共通点 燃える	炭

❸

川	共通点 流れる	雲

❹

時計	共通点 針	スズメバチ

❺

骨	共通点 カルシウム	牛乳

❻

	共通点	
月	曜日	木

❼

	共通点	
ごみ	溜まる	ストレス

❽

	共通点	
洗濯機	回転	竜巻

❾

	共通点	
お餅	伸びる	輪ゴム

❿

	共通点	
抹茶	粉末	薬

記憶力アップ!

イメージを記憶から引き出すドリル ⑦

❶

けん玉 → [ ] → [ ] → サッカー

❷

夏 → [ ] → [ ] → 日本

❸

セメント → [ ] → [ ] → お菓子

❹

炭酸 → [ ] → [ ] → アルコール

❺

サウナ → [ ] → [ ] → タバコ

▶最初の言葉から、「〜といえば〜」というように最後の言葉まで連想でつなげてください

答えは次ページ

❻

ツバメ → □ → □ → 空港

❼

炎 → □ → □ → サングラス

❽

南極 → □ → □ → チョコレート

❾

ビル → □ → □ → 花火

❿

水 → □ → □ → 自動車

記憶力アップ!

イメージを記憶から引き出すドリル⑦の回答

あくまでも参考例です。他の答えでも個人の主観でOKです

❶

けん玉 → 玉 → ボール → サッカー

❷

夏 → 季節 → 四季 → 日本

❸

セメント → 固まる → プリン → お菓子

❹

炭酸 → 泡 → ビール → アルコール

❺

サウナ → 蒸気 → 煙 → タバコ

❻

ツバメ → 飛ぶ → 飛行機 → 空港

❼

炎 → 燃える → 太陽 → サングラス

❽

南極 → 氷 → 溶ける → チョコレート

❾

ビル → エレベーター → 上がる → 花火

❿

水 → 液体 → ガソリン → 自動車

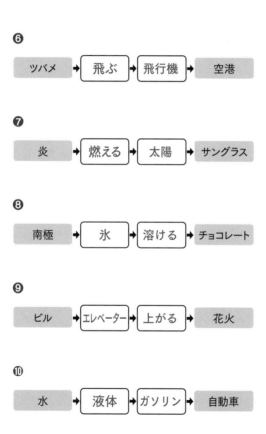

記憶力アップ!

イメージを記憶から引き出すドリル ⑧

❶

ゴム →	→	→	タレント

❷

信号 →	→	→	ケーキ

❸

馬 →	→	→	ジュース

❹

公園 →	→	→	砂漠

❺

ハンドル →	→	→	ネジ

▶ 最初の言葉から、「〜といえば〜」というように最後の言葉まで連想でつなげてください

答えは次ページ

❻

医者 → □ → □ → 雪

❼

お金 → □ → □ → 鉄

❽

サイレン → □ → □ → ヘリコプター

❾

キャンプ → □ → □ → ピーマン

❿

火 → □ → □ → プレゼント

記憶力アップ!

イメージを記憶から引き出すドリル⑧の回答

あくまでも参考例です。他の答えでも個人の主観でOKです

❶

ゴム → 伸びる → 人気 → タレント

❷

信号 → 赤 → イチゴ → ケーキ

❸

馬 → ニンジン → 野菜 → ジュース

❹

公園 → 砂場 → 砂 → 砂漠

❺

ハンドル → 回す → ドライバー → ネジ

❻

医者 → 白衣 → 白 → 雪

❼

お金 → 硬貨 → 金属 → 鉄

❽

サイレン → 回転 → プロペラ → ヘリコプター

❾

キャンプ → 自然 → 緑 → ピーマン

❿

火 → ろうそく → 誕生日 → プレゼント

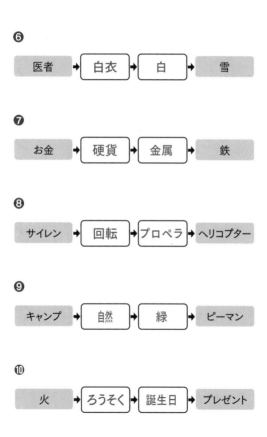

頭のなかでイメージを動かすドリル

2章の最後に紹介した、「**空間認識能力**」のためのトレーニングです。

空間認識能力は、ものごとの認識や判断、思考において、重要な役目を果たします。

本書におけるイメージ記憶に必要な能力なのはいうまでもありません。

この空間認識能力を鍛えるのに、有効なのが**頭のなかでイメージを動かす**ことです。

つまり、図形や物体のイメージを、頭のなかで回転させたり、ひっくり返したりしたときにどのように見えるかといったようなことです。

このトレーニングは、本書のイメージ記憶の能力の向上にとどまりません。東京大学の池谷裕二《いけがやゆうじ》教授によると、論理的な思考力やアイデアを生み出す力にも、よい影響を及ぼすとのことです。

イメージ記憶をするときには、イメージを頭のなかで動かす必要があります。そのために有効なトレーニングです。

記憶力アップ! 頭のなかでイメージを動かすドリル 例題

▶上の文字を1文字ずつバラバラに回転させました。
1つだけ裏返しになっている文字があります。
それはどの文字でしょう

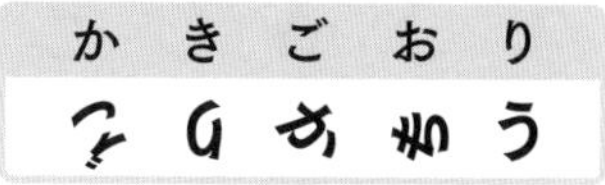

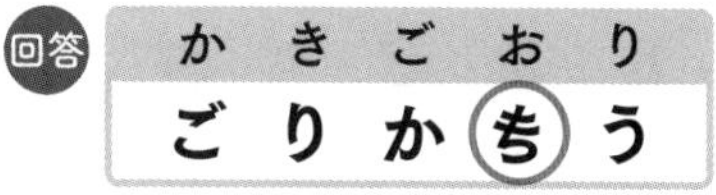

▶回転させても重ならない図版が1つだけあります。
その図版はどれでしょう

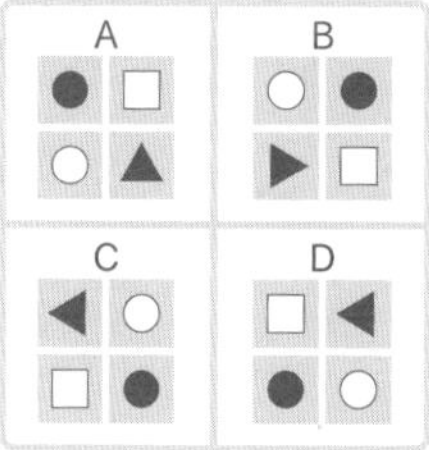

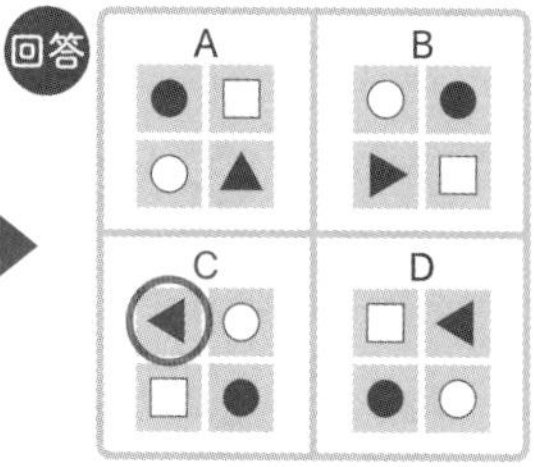

記憶力アップ!

頭のなかでイメージを動かすドリル①

❶

れ い ぞ う こ

❷

ぬ い ぐ る み

❸

と う が ら し

❹

か た ぐ る ま

❺

あ ま や ど り

▶上の文字を１文字ずつバラバラに回転させました。
1つだけ裏返しになっている文字があります。
それはどの文字でしょう

答えは次ページ

❻ せ　い　く　ら　べ

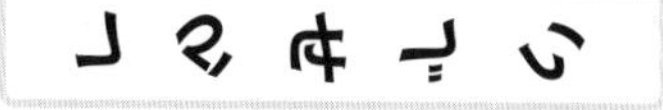

❼ お　も　て　な　し

❽ ろ　て　ん　ぶ　ろ

❾ に　ち　よ　う　び

❿ す　み　び　や　き

記憶力アップ！

頭のなかでイメージを動かすドリル①の回答

❶

れ	い	ぞ	う	こ
ぞ	う	れ	い	こ

❷

ぬ	い	ぐ	る	み
ぬ	る	い	ぐ	み

❸

と	う	が	ら	し
ら	が	し	と	う

❹

か	た	ぐ	る	ま
た	る	ま	か	ぐ

❺

あ	ま	や	ど	り
ど	あ	り	ま	や

❻

せ	い	く	ら	べ
く	ら	せ	べ	い

❼

お	も	て	な	し
し	な	も	て	お

❽

ろ	て	ん	ぶ	ろ
ろ	ん	ぶ	ろ	て

❾

に	ち	よ	う	び
う	よ	び	に	ち

❿

す	み	び	や	き
び	す	や	み	き

記憶力アップ！

頭のなかでイメージを動かすドリル ②

❶ レ ス ト ラ ン

❷ ア ド バ イ ス

❸ カ メ レ オ ン

❹ コ ロ ン ブ ス

❺ ト ロ ピ カ ル

▶上の文字を１文字ずつバラバラに回転させました。
1つだけ裏返しになっている文字があります。
それはどの文字でしょう

答えは次ページ

❻

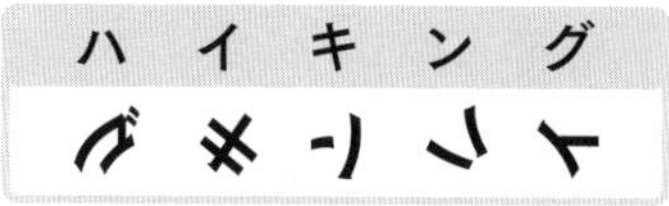

❼

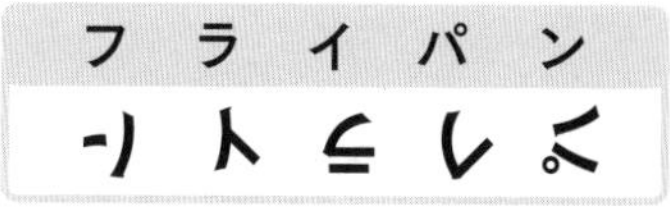

❽

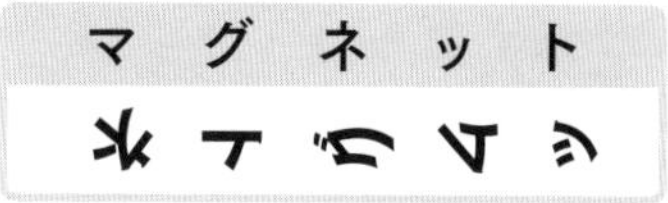

❾

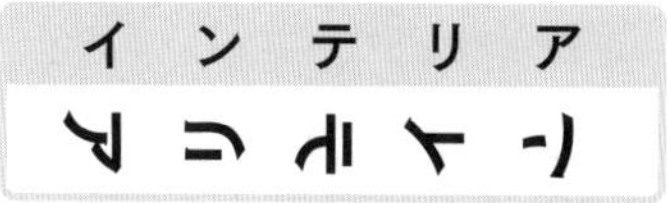

❿

記憶力アップ!

頭のなかでイメージを動かすドリル②の回答

❶

レ	ス	ト	ラ	ン
ス	ラ	レ	ン	ト

❷

ア	ド	バ	イ	ス
ド	ア	ス	イ	バ

❸

カ	メ	レ	オ	ン
ン	レ	カ	メ	オ

❹

コ	ロ	ン	ブ	ス
ス	ブ	コ	ロ	ン

❺

ト	ロ	ピ	カ	ル
ロ	カ	ル	ピ	ト

❻

ハ	イ	キ	ン	グ
グ	キ	ン	ハ	イ

❼

フ	ラ	イ	パ	ン
ン	イ	ラ	フ	パ

❽

マ	グ	ネ	ッ	ト
ネ	ト	グ	マ	ッ

❾

イ	ン	テ	リ	ア
ア	リ	テ	イ	ン

❿

オ	ム	ラ	イ	ス
イ	オ	ス	ラ	ム

頭のなかでイメージを動かすドリル ③

A

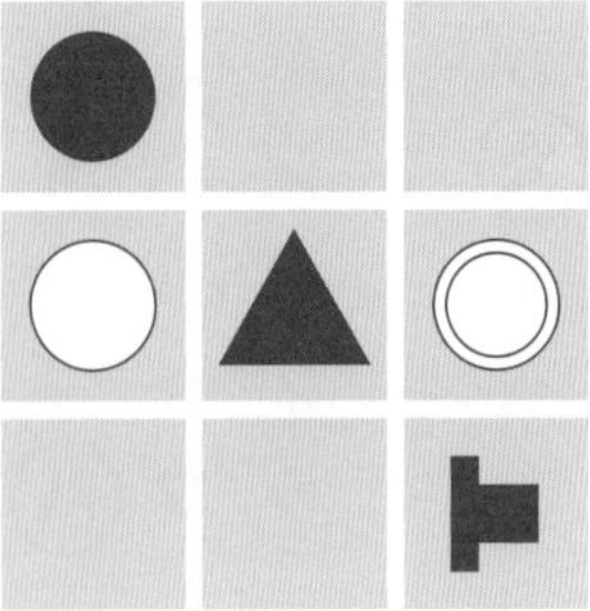

C

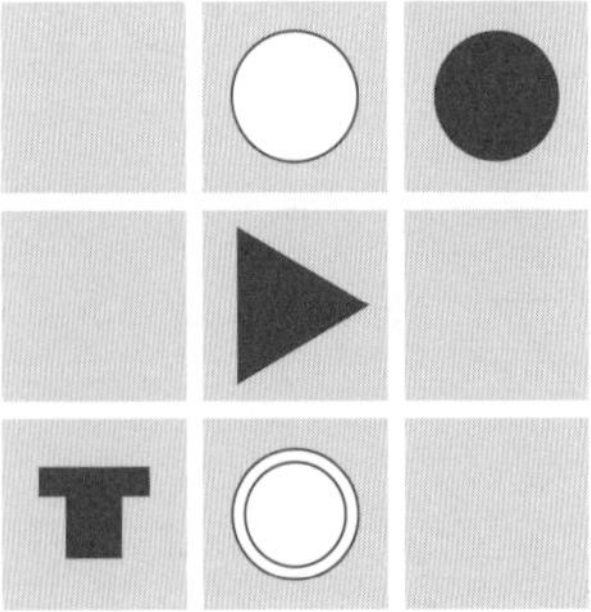

▶回転させても重ならない図版が1つだけあります。
その図版はどれでしょう

答えは次ページ

B

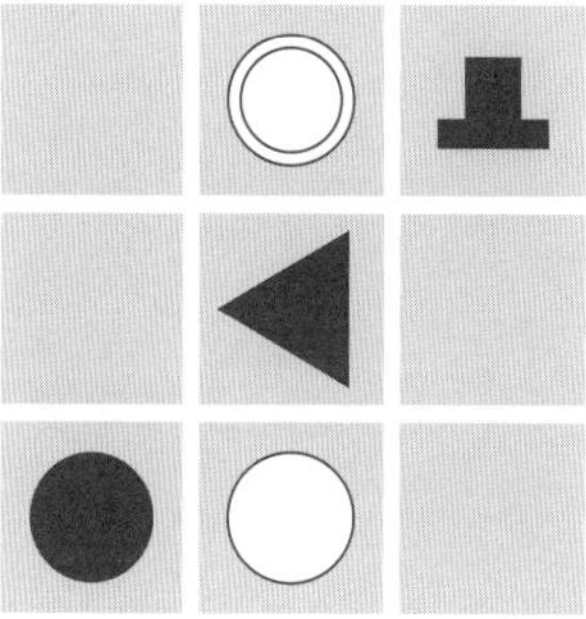

D

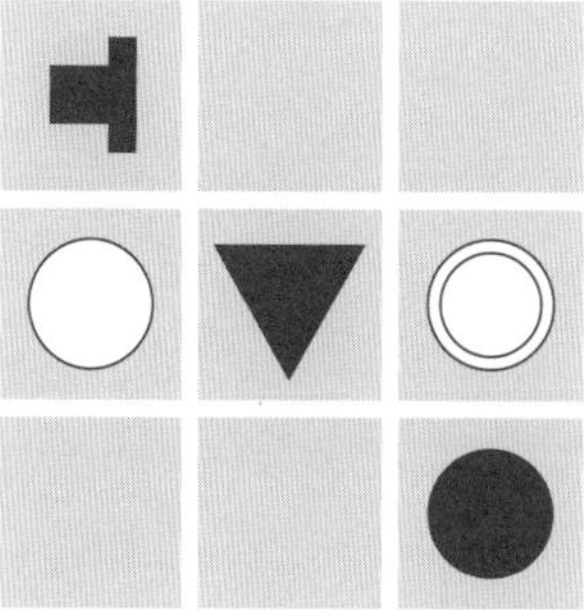

頭のなかでイメージを動かすドリル③の回答

A

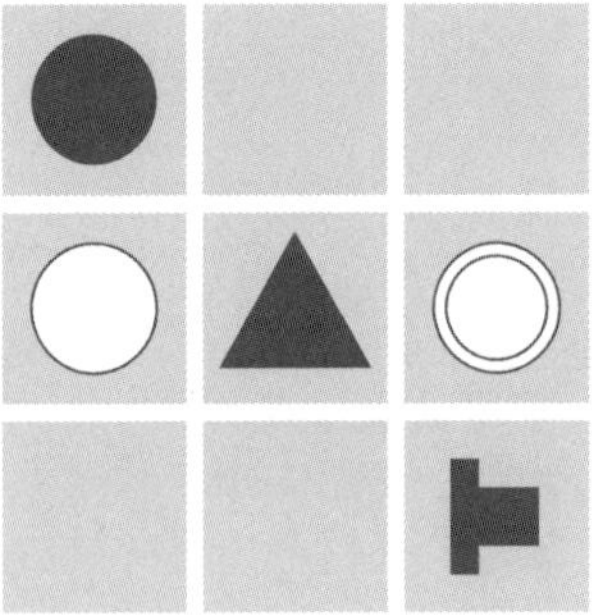

C

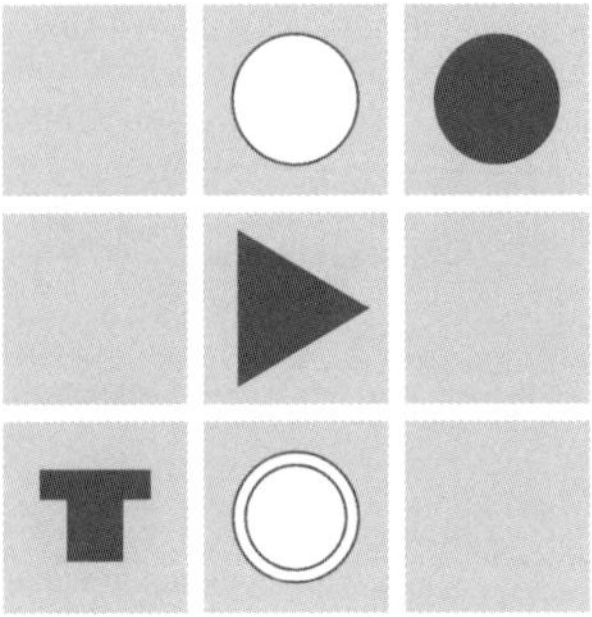

B

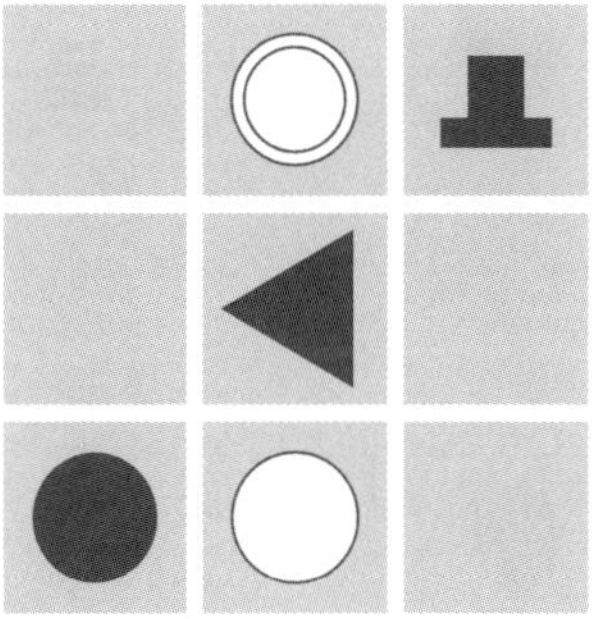

D

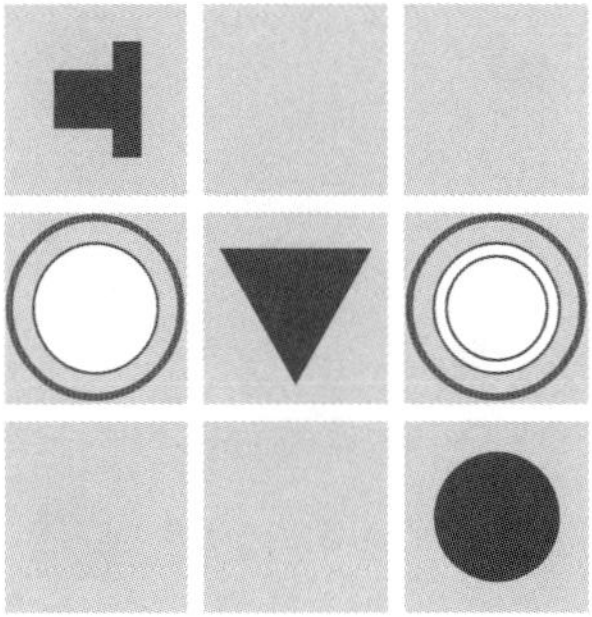

頭のなかでイメージを動かすドリル ④

A

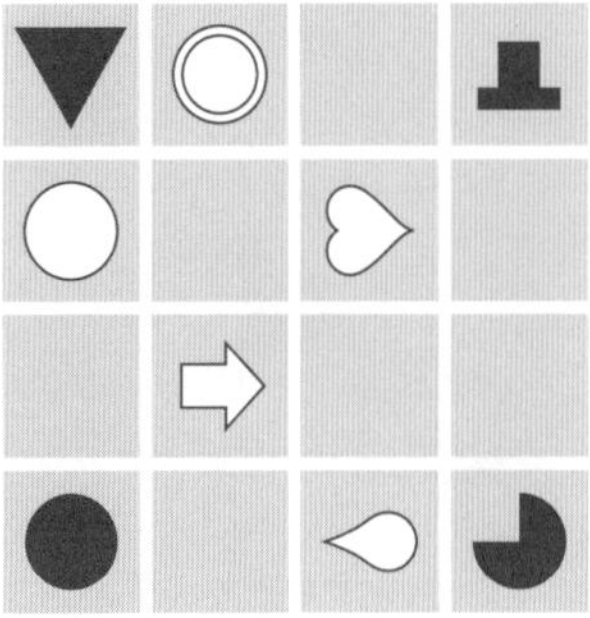

C

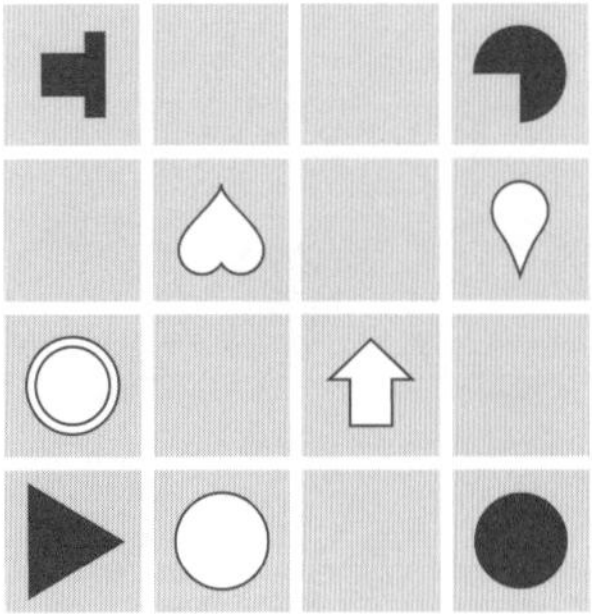

▶回転させても重ならない図版が1つだけあります。
その図版はどれでしょう

答えは次ページ

B

D

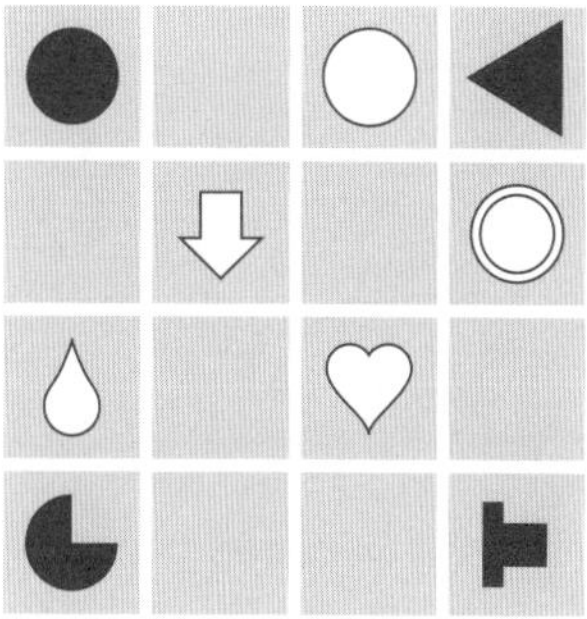

頭のなかでイメージを動かすドリル④の回答

A

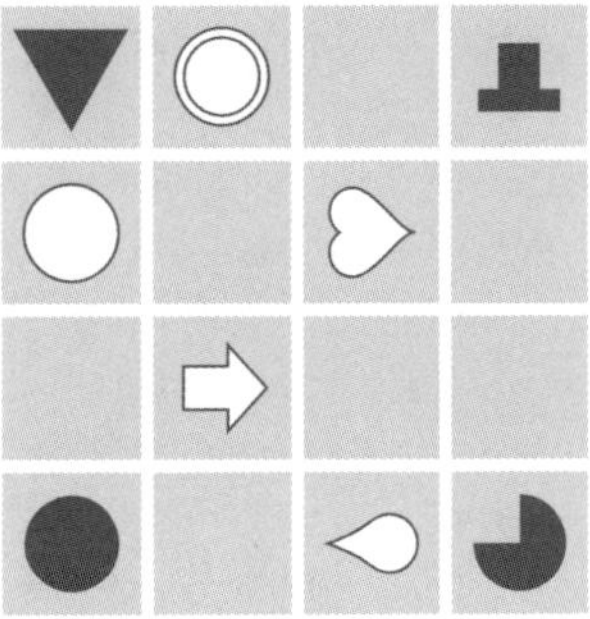

C

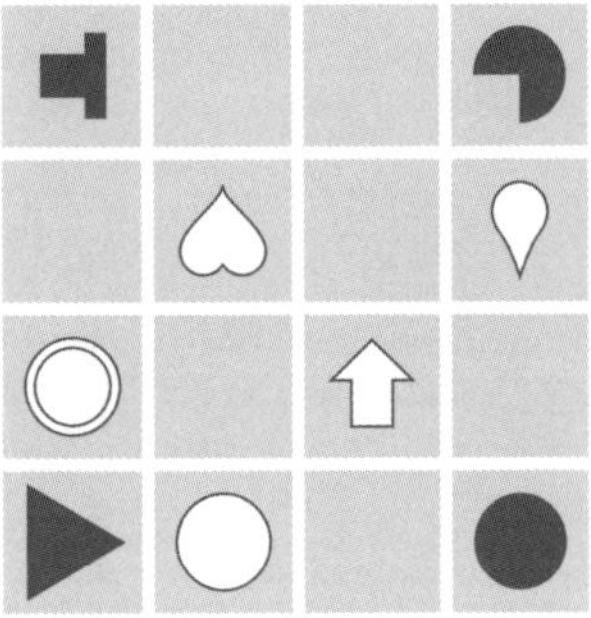

B

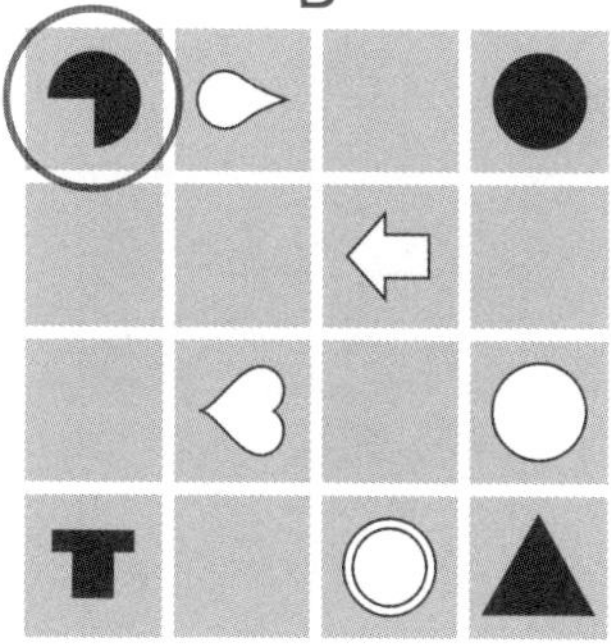

D

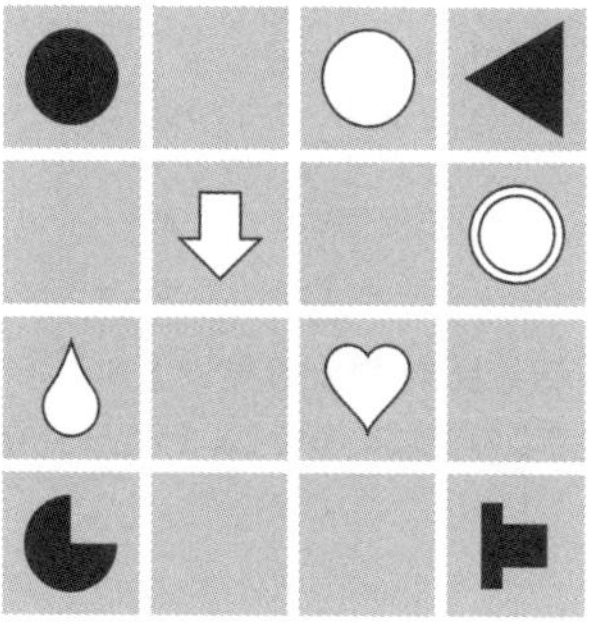

記憶力アップ！ 頭のなかでイメージを動かすドリル 例題

下のような立方体の部屋が集まってできたビルがあります

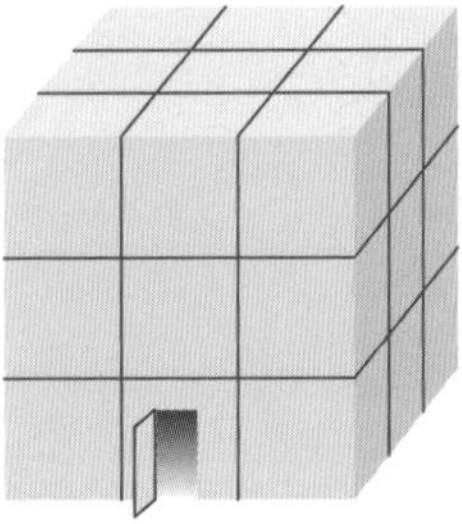

入口

上から見た図

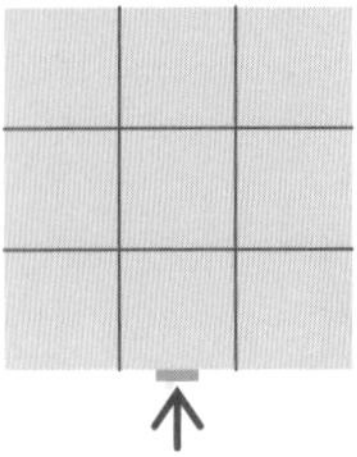

入口

ビルを真上から見た状態で指示に従って
1階の入口から部屋を移動します
※移動先の体の向きは進行方向のままとします

① 前に2つ進む
② 上に1つ上がる
③ 左を向いて1つ進む
④ 上に1つ上がる
⑤ 右を向いて1つ進む

入口と反対側から見たとき
今どこの窓にいるでしょう？

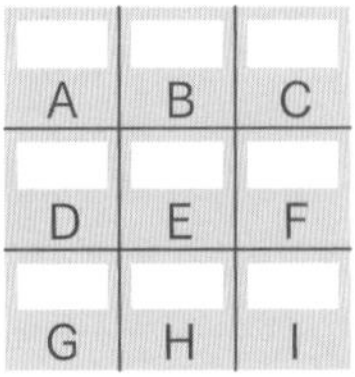

回答

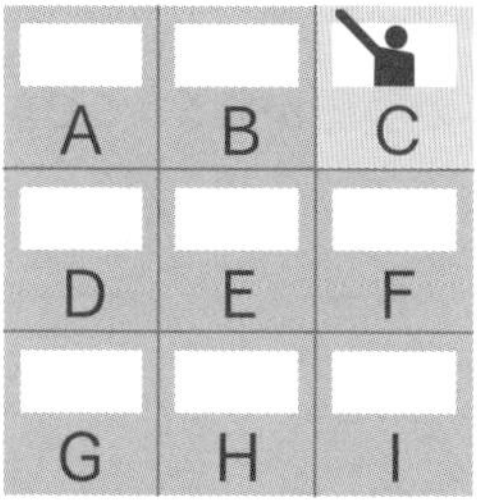

上から見た図

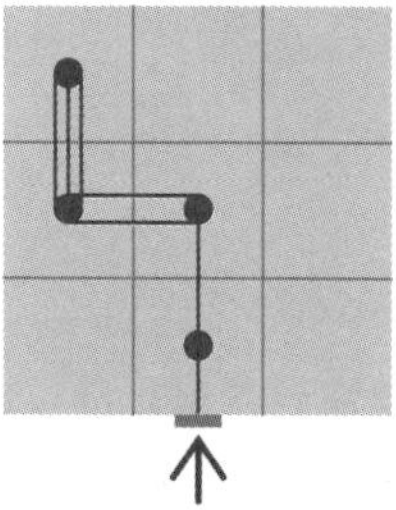

入口

① 前に 2 つ進む
② 上に 1 つ上がる
③ 左を向いて 1 つ進む
④ 上に 1 つ上がる
⑤ 右を向いて 1 つ進む

※移動線の本数はビルの階数を表しています

記憶力アップ！

頭のなかでイメージを動かすドリル ⑤

下のような立方体の部屋が集まってできたビルがあります

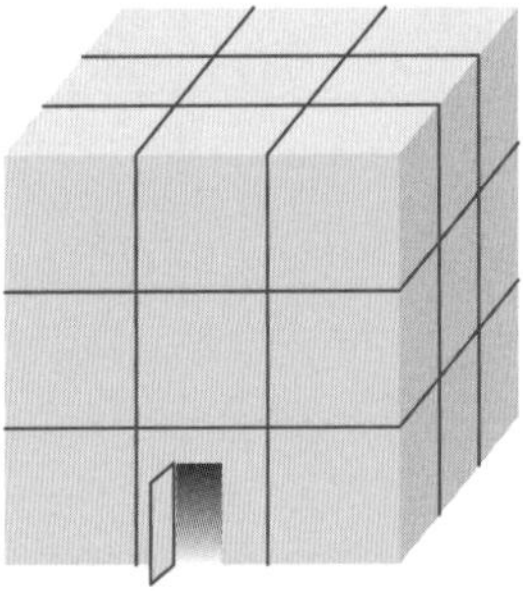

ビルを真上から見た状態で指示に従って
1階の入口から部屋を移動します

※移動先の体の向きは進行方向のままとします

▶今どこの窓にいるでしょう？

答えは次ページ

上から見た図

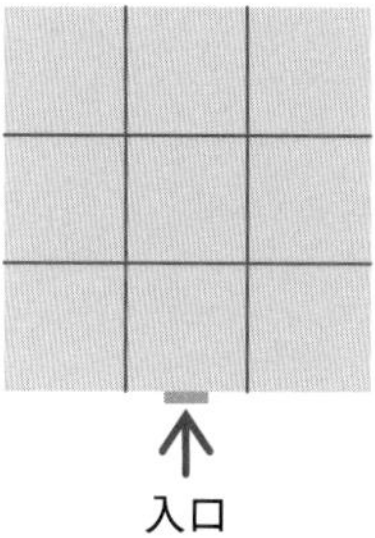

① 前に 1 つ進む
② 上に 2 つ上がる
③ 右を向いて 1 つ進む
④ 左に 2 つ進む
⑤ 下に 1 つ下がる
⑥ 左を向いて 2 つ進む

入口と反対側から見たとき
今どこの窓にいるでしょう？

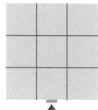

記憶力アップ!

頭のなかでイメージを動かすドリル⑤の回答

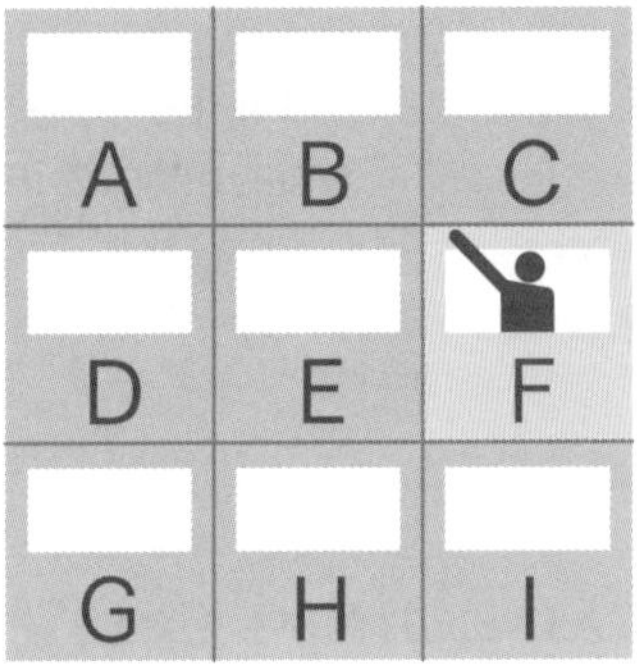

① 前に１つ進む
② 上に２つ上がる
③ 右を向いて１つ進む
④ 左に２つ進む
⑤ 下に１つ下がる
⑥ 左を向いて２つ進む

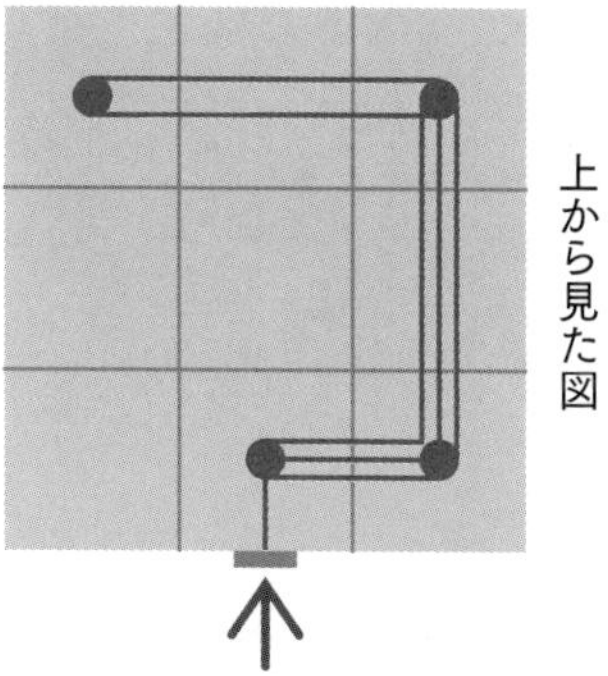

※移動線の本数はビルの階数を表しています

記憶力アップ！

頭のなかでイメージを動かすドリル ⑥

下のような立方体の部屋が集まってできたビルがあります

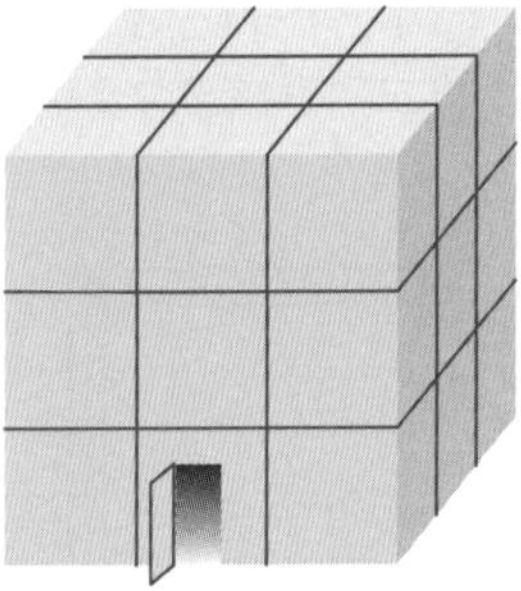

ビルを真上から見た状態で指示に従って
1階の入口から部屋を移動します

※移動先の体の向きは進行方向のままとします

▶今どこの窓にいるでしょう？

答えは次ページ

上から見た図

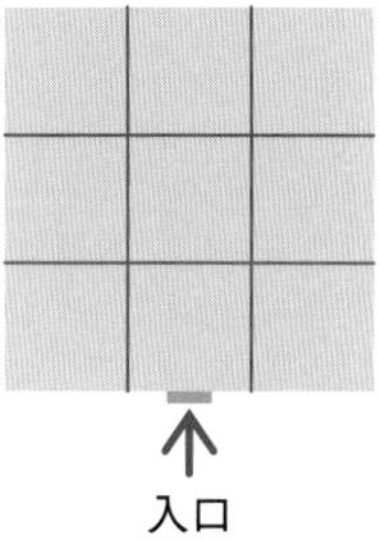

① 前に 3 つ進む
② 上に 1 つ上がる
③ 左を向いて 1 つ進む
④ 上に 1 つ上がる
⑤ 左を向いて 2 つ進む
⑥ 左を向いて 1 つ進む
⑦ 左を向いて 2 つ進む

入口と反対側から見たとき
今どこの窓にいるでしょう？

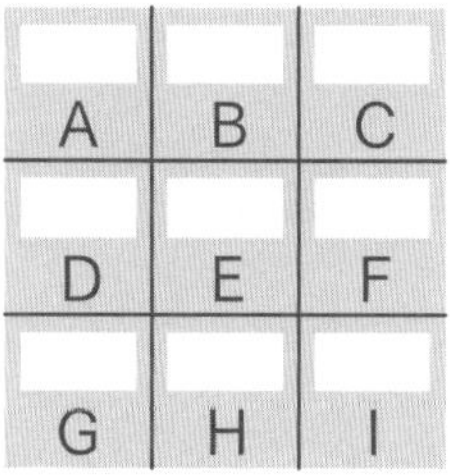

記憶力アップ!

頭のなかでイメージを動かすドリル⑥の回答

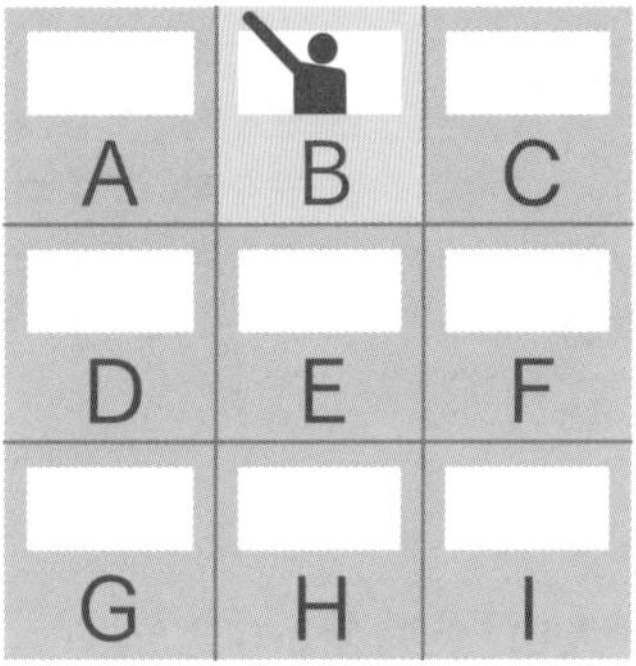

① 前に 3 つ進む
② 上に 1 つ上がる
③ 左を向いて 1 つ進む
④ 上に 1 つ上がる
⑤ 左を向いて 2 つ進む
⑥ 左を向いて 1 つ進む
⑦ 左を向いて 2 つ進む

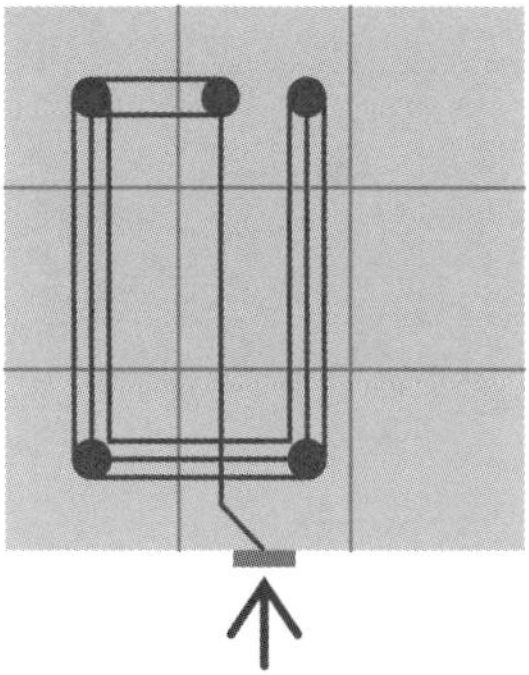

上から見た図

入口

※移動線の本数はビルの階数を表しています

記憶力アップ!

頭のなかでイメージを動かすドリル ⑦

下のような立方体の部屋が集まってできたビルがあります

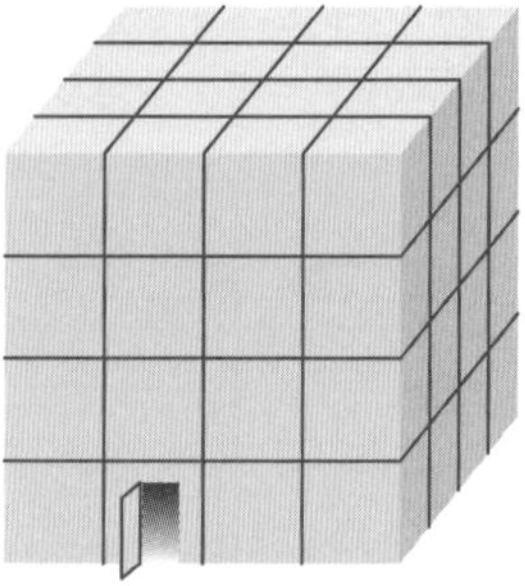

ビルを真上から見た状態で指示に従って
1階の入口から部屋を移動します
※移動先の体の向きは進行方向のままとします

▶今どこの窓にいるでしょう？

答えは次ページ

上から見た図

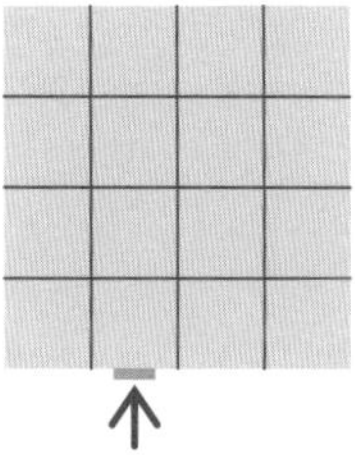

入口

① 前に 2 つ進む
② 上に 1 つ上がる
③ 右を向いて 1 つ進む
④ 上に 1 つ上がる
⑤ 左を向いて 1 つ進む
⑥ 左を向いて 1 つ進む
⑦ 右を向いて 1 つ進む
⑧ 下に 1 つ下がる
⑨ 右を向いて 2 つ進む

入口と反対側から見たとき
今どこの窓にいるでしょう？

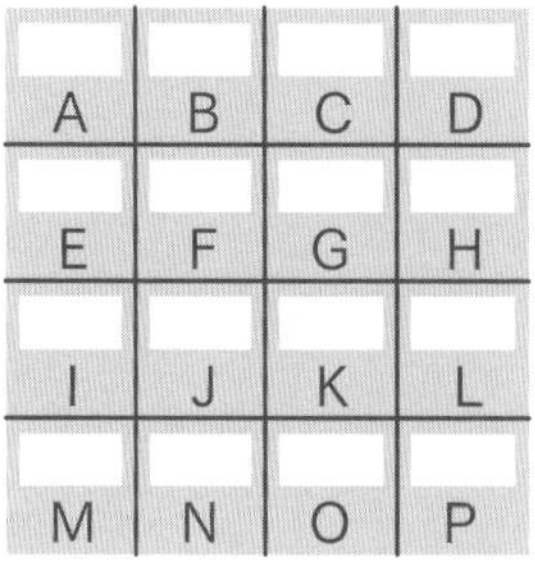

記憶力アップ!

頭のなかでイメージを動かすドリル⑦の回答

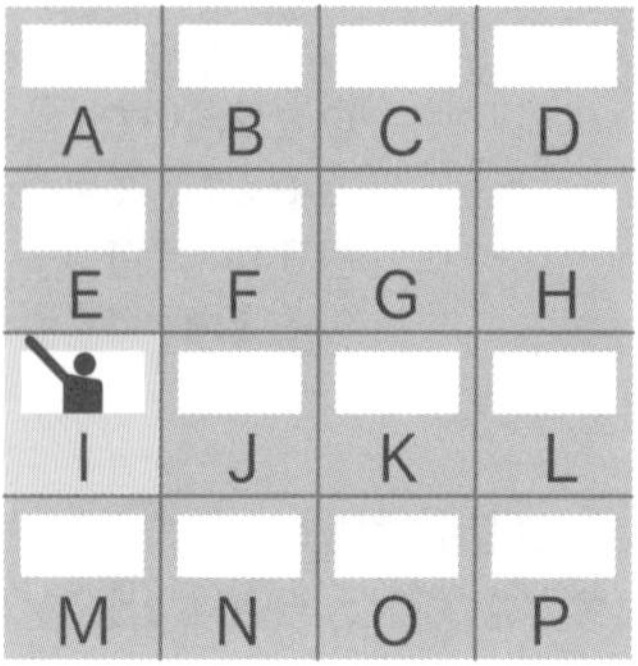

① 前に２つ進む
② 上に１つ上がる
③ 右を向いて１つ進む
④ 上に１つ上がる
⑤ 左を向いて１つ進む
⑥ 左を向いて１つ進む
⑦ 右を向いて１つ進む
⑧ 下に１つ下がる
⑨ 右を向いて２つ進む

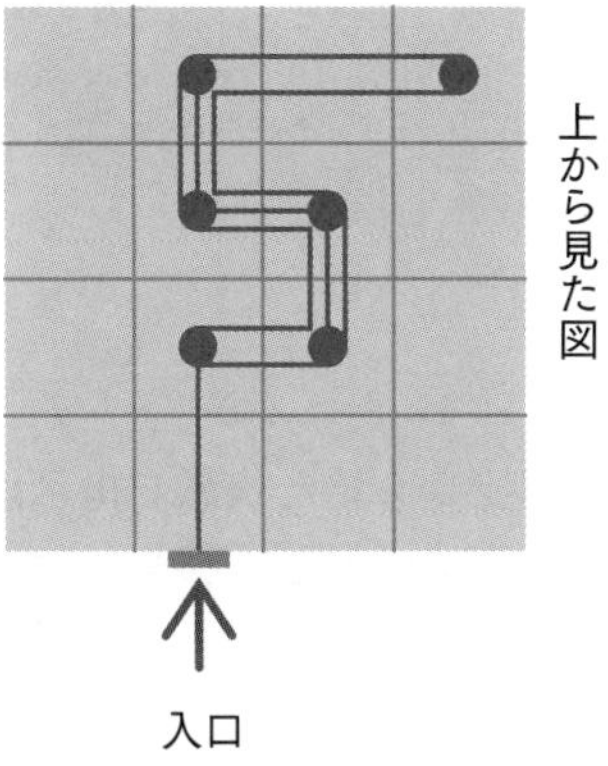

※移動線の本数はビルの階数を
表しています

記憶力アップ!

頭のなかでイメージを動かすドリル ⑧

下のような立方体の部屋が集まってできたビルがあります

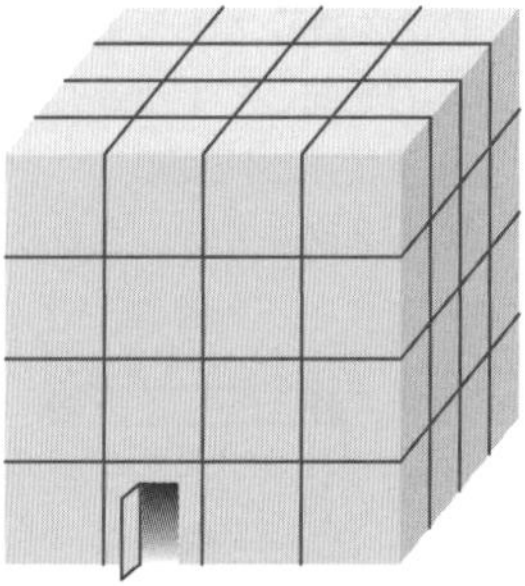

ビルを真上から見た状態で指示に従って
1階の入口から部屋を移動します

※移動先の体の向きは進行方向のままとします

▶今どこの窓にいるでしょう？

答えは次ページ

上から見た図

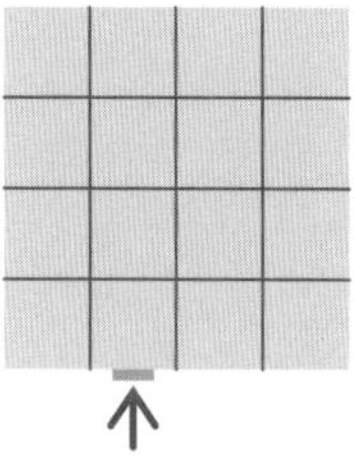

入口

① 前に１つ進む
② 右を向いて１つ進む
③ 上に３つ上がる
④ 左を向いて２つ進む
⑤ 左を向いて２つ進む
⑥ 下に２つ下がる
⑦ 右を向いて１つ進む
⑧ 上に１つ上がる
⑨ 右を向いて２つ進む
⑩ 下に１つ下がる

入口と反対側から見たとき
今どこの窓にいるでしょう？

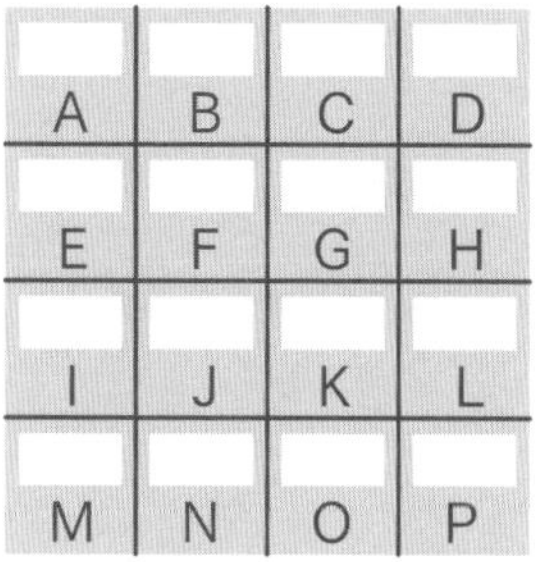

記憶力アップ！

頭のなかでイメージを動かすドリル⑧の回答

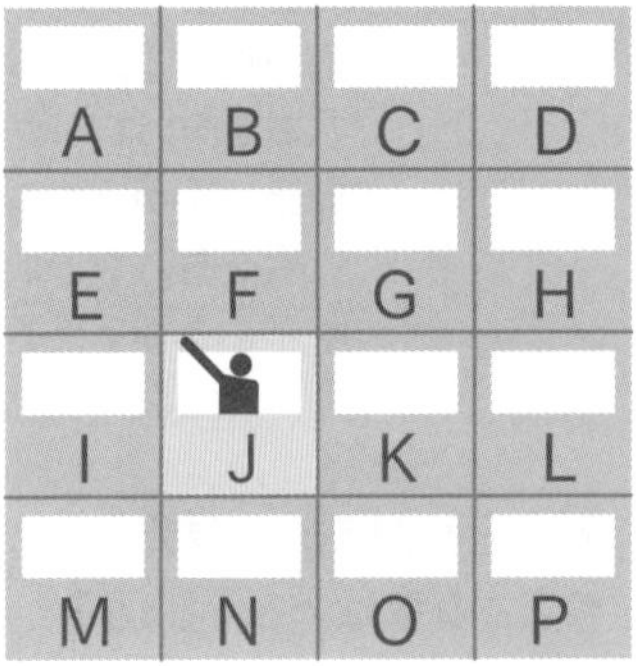

① 前に１つ進む
② 右を向いて１つ進む
③ 上に３つ上がる
④ 左を向いて２つ進む
⑤ 左を向いて２つ進む
⑥ 下に２つ下がる
⑦ 右を向いて１つ進む
⑧ 上に１つ上がる
⑨ 右を向いて２つ進む
⑩ 下に１つ下がる

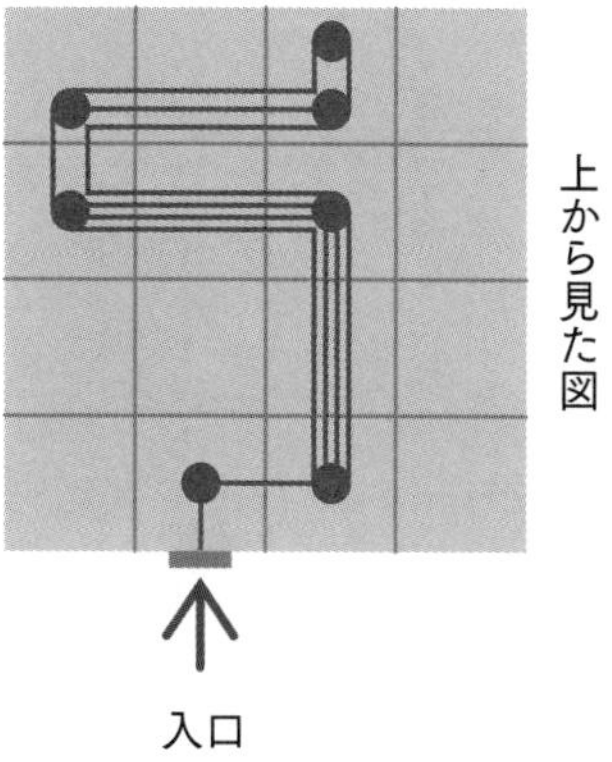

※移動線の本数はビルの階数を
表しています

イメージを作りアイデアを生み出すドリル

頭のなかに作るイメージは、インパクトがあればあるほど、感情が大きく動くので扁桃体からの刺激によって記憶力はアップすることになります。

ここでは、2章で少しだけワークしていただいた「**イメージのペアリング**」をやってみましょう。

イメージを想像するトレーニングをすることによって、記憶力はもとより、アイデアを生み出す力も同時にアップさせることができます。

また、イメージの訓練をすることで、ワーキングメモリという頭のよさに関わる機能によい効果があると、大阪大学の苧阪満里子《おさかまりこ》名誉教授が報告しています。それにより、加齢による「**思い出す力**」**の低下も防ぐことができます**。

イメージを作るときのコツは、モノであれば、人や動物のような動きをさせたり、大きさも大きくしたり小さくしたり。常識の枠を取り外して発想を広げてください。

記憶力アップ!

イメージを作り アイデアを生み出すドリル

例題

▶ 2つの言葉を合わせて
1つのイメージを頭のなかに作ってください。
必ずイメージを「見て」ください

①	砂丘	ブランコ
②	キリン	ネクタイ
③	自転車	電線

↓

作ったイメージを思い出して、
相手の言葉を答えてください

①	砂丘	
②		ネクタイ
③		電線

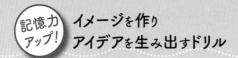

記憶力アップ!

イメージを作りアイデアを生み出すドリル①

❶

すべり台	イルカ

❷

クモの巣	てるてる坊主

❸

ラケット	イクラ

❹

マヨネーズ	ブーツ

❺

新幹線	鯉のぼり

▶ 2つの言葉を合わせて1つのイメージを頭のなかに作ってください。全部できたら次に進んでください

❻

テレビ	わかめ

❼

ランドセル	ネコ

❽

ヘルメット	マネキン

❾

プール	消防車

❿

クリーム	窓

記憶力アップ!

イメージを作り アイデアを生み出すドリル①

❶

すべり台	

❷

	てるてる坊主

❸

ラケット	

❹

	ブーツ

❺

	鯉のぼり

▶ 作ったイメージを思い出して、相手の言葉を答えてください

❻

テレビ	

❼

ランドセル	

❽

	マネキン

❾

	消防車

❿

	窓

記憶力アップ!

イメージを作り アイデアを生み出すドリル②

❶

マフラー	カニ

❷

マスク	煙突

❸

カバ	畳

❹

噴水	掃除機

❺

スイカ	キツツキ

▶ 2つの言葉を合わせて1つのイメージを頭のなかに作ってください。全部できたら次に進んでください

❻

芝生	ベッド

❼

ジェットコースター	パンダ

❽

パラシュート	こけし

❾

火山	扇風機

❿

時計	自由の女神

記憶力アップ!

イメージを作り アイデアを生み出すドリル②

❶

	カニ

❷

マスク	

❸

	畳

❹

噴水	

❺

	キツツキ

▶ 作ったイメージを思い出して、相手の言葉を答えてください

❻

	ベッド

❼

ジェットコースター	

❽

	こけし

❾

火山	

❿

時計	

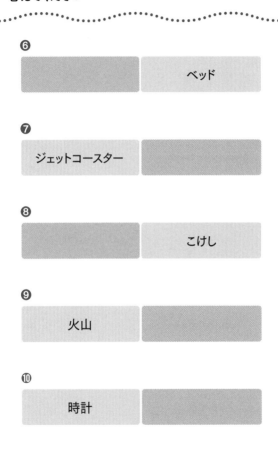

記憶力アップ!

イメージを作り アイデアを生み出すドリル③

❶

マイク	はさみ

❷

ティッシュペーパー	池

❸

真珠	コップ

❹

ぬいぐるみ	目薬

❺

タイヤ	電柱

▶ 2つの言葉を合わせて1つのイメージを頭のなかに作ってください。全部できたら次に進んでください

❻

ペンキ	気球

❼

ドラム缶	漬け物

❽

スポットライト	石像

❾

水槽	ドーナツ

❿

ハム	釣り竿

記憶力アップ!

イメージを作り アイデアを生み出すドリル③

❶

	はさみ

❷

	池

❸

真珠	

❹

ぬいぐるみ	

❺

	電柱

▶ 作ったイメージを思い出して、相手の言葉を答えてください

❻

ペンキ	

❼

ドラム缶	

❽

スポットライト	

❾

	ドーナツ

❿

	釣り竿

記憶力アップ!

イメージを作り アイデアを生み出すドリル④

❶

ピアノ	ケーキ	風車

❷

海	大仏	タコ

❸

サンタクロース	タバコ	パソコン

❹

サメ	鎖	公園

❺

滑走路	たき火	ふとん

▶ 今度は3つの言葉を合わせて1つのイメージを頭のなかに作ってください。全部できたら次に進んでください

❻

黒板	切手	ヒトデ

❼

アザラシ	地球儀	リンゴ

❽

地球	包丁	ケチャップ

❾

風船	クジラ	飛行機

❿

校庭	踏切	三輪車

記憶力アップ!

イメージを作りアイデアを生み出すドリル④

❶

ピアノ		風車

❷

海	大仏	

❸

サンタクロース	タバコ	

❹

サメ		公園

❺

滑走路		ふとん

▶ 作ったイメージを思い出して、残り1つの言葉を答えてください

❻

	切手	ヒトデ

❼

アザラシ		リンゴ

❽

	包丁	ケチャップ

❾

風船		飛行機

❿

校庭	踏切	

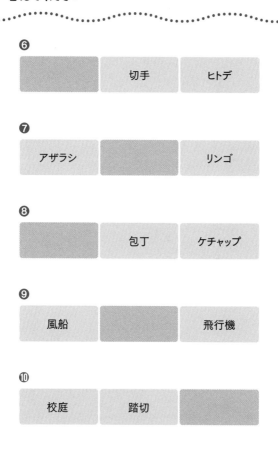

記憶力アップ!

イメージを作り アイデアを生み出すドリル⑤

❶

鳥居	サボテン	ブドウ

❷

テーブル	砂	うちわ

❸

とび箱	カンガルー	くす玉

❹

梅干し	風呂	塩

❺

青空	クラゲ	マシュマロ

▶ 3つの言葉を合わせて1つのイメージを頭のなかに作ってください。 全部できたら次に進んでください

❻

ニンジン	ウサギ	サーフィン

❼

雲	スプーン	どんぶり

❽

ビール	廊下	カメ

❾

岩	斧	酒

❿

月	風鈴	ハエ

記憶力アップ！

イメージを作りアイデアを生み出すドリル ⑤

❶

鳥居		ブドウ

❷

テーブル		うちわ

❸

とび箱	カンガルー	

❹

	風呂	塩

❺

青空	クラゲ	

▶ 作ったイメージを思い出して、残り1つの言葉を答えてください

❻

ニンジン	ウサギ	

❼

	スプーン	どんぶり

❽

ビール	廊下	

❾

岩		酒

❿

月	風鈴	

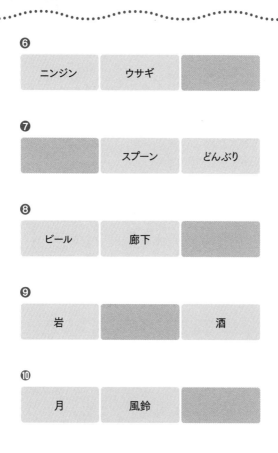

記憶力アップ!

イメージを作り アイデアを生み出すドリル⑥

❶

観覧車	ゴリラ	太鼓

❷

ゴルフ場	クリスマスツリー	フクロウ

❸

福沢諭吉	ヘッドホン	ソフトクリーム

❹

ビル	はしご	ピエロ

❺

灯台	潜水艦	雷

▶ 3つの言葉を合わせて1つのイメージを頭のなかに作ってください。全部できたら次に進んでください

❻

鍋	コーヒー	豆腐

❼

ベルトコンベア	金塊	ぎょうざ

❽

コンビニ	シロクマ	雪だるま

❾

海底	信号	横断歩道

❿

坂本龍馬	一輪車	傘

記憶力アップ!

イメージを作り アイデアを生み出すドリル⑥

❶

観覧車		

❷

ゴルフ場		

❸

福沢諭吉		

❹

ビル		

❺

灯台		

▶ 作ったイメージを思い出して、残り２つの言葉を答えてください

❻

鍋		

❼

ベルトコンベア		

❽

コンビニ		

❾

海底		

❿

坂本龍馬		

記憶力アップ!

イメージを作りアイデアを生み出すドリル⑦

❶

つり橋	チンパンジー	バーベル

❷

クレーン	ダイヤモンド	ヨット

❸

福沢諭吉	バッグ	本

❹

展覧会	空き缶	長ねぎ

❺

アインシュタイン	望遠鏡	流れ星

▶ 3つの言葉を合わせて1つのイメージを頭のなかに作ってください。 全部できたら次に進んでください

❻

土俵	たらい	ダンサー

❼

舞台	つり輪	ガイコツ

❽

お寺	スイカ	ブルドーザー

❾

聖徳太子	扇子	蝶

❿

坂道	雪	ゾウ

記憶力アップ!

イメージを作り アイデアを生み出すドリル⑦

❶

つり橋		

❷

クレーン		

❸

福沢諭吉		

❹

展覧会		

❺

アインシュタイン		

▶ 作ったイメージを思い出して、残り2つの言葉を答えてください

❻

土俵		

❼

舞台		

❽

お寺		

❾

聖徳太子		

❿

坂道		

4章

「覚えられる！　思い出せる！　忘れない！」記憶のコツ

本章では、日常のなかでイメージングを活用するための具体的なケーススタディを紹介します。

忘れ物をなくすにはどうすればいい?

記憶のスイッチを作っておきましょう。

よく聞くケースですね。

私の知人からも家のなかで、メガネをどこに置いたか忘れて、しばらく探し回ったなどの話を聞いたことがあります。

家のなかならば時間が解決してくれるかもしれませんが、外出先の置き忘れなどは紛失のおそれがあるので、やはり防ぎたいものです。

記憶力の低下を心配されているみなさんは、まずは**ご安心してください**。こうした事態は、記憶力の低下が原因で起こるのではありません。物を置き忘れたり、置いた場所を思い出せなかったりするのは、記憶の性質からくるものなのです。

記憶の種類のなかには、何も意識することなく自動的に覚えてしまうものもあります。しかし、自動的に覚えるためには、その出来事によって心が動かされたり、強い印象を受けたりするといった条件が必要です。

これは無意識に行なわれるものなので、もの忘れなど、この種の記憶には対応できません。なぜなら、**カギをテーブルの上に置いたところで感動はしないから**です。

前にも説明しましたが、「記憶」というものには心理学的な定義があります。

まず、「記銘」（覚える）という段階があります。

次に、「保持」（覚えておく）、つまり頭のなかに記憶をキープするということです。

そして、最後が「想起」（思い出す）という工程です。

「記銘（覚える）」→「保持（覚えておく）」→「想起（思い出す）」という3つの工程を経て、はじめて「記憶」と呼べるのです。

これを頭に入れたまま、質問のケースを考えてみましょう。

たとえば、外出先でも家のなかでもよいのですが、カギをどこかに置いたとします。そのとき、意識してカギを置きますか？

たぶん、何も考えずに、ただポンとその場に置くことでしょう。

このとき、記憶に関する脳の部位はまったく活性化していません。

つまり、先ほどの**「記銘（覚える）」をしていない**のです。

覚えるという工程を経てないため、そもそも記憶になっていないのです。それを思い出せというほうが無理な相談です。

そこで、イメージングを使って「記銘」をすればよいというわけです。

物をどこかに置くときには、**自分のなかでルールを作っておく**といいかもしれません。

毎回、決まって行なう合図を「ルーチン」と呼びます。

たとえば、対象に向かって指を指すことをルーチンにしてもいいでしょう。

これを記憶のスイッチにしておき、この動作をするときは、同時に一度目を閉じてカギが置いてあるその映像を思い浮かべるのです。

それをしながら、「テーブルの上に手帳を置いたことを覚えておくぞ」とか、「帰りにはこの手帳を持って帰るぞ」とかと自分にいい聞かせる。

そうすることで記銘が行なわれ、しかもイメージも頭に入れられます。たったこれだけのことで、その場を立ち去るときに、「あれ何かあったはずだな」という気持ちが起き、それがアラームの役目を果たし置き忘れを防ぐことにつながるのです。

イメージの記憶は、リマインダーの役割も担ってくれます。

思い出す力を維持、もしくは伸ばす方法は？

予定をあらかじめ
イメージングすることが有効です。

年齢を重ねた多くの人が、「思い出す力」の低下を実感されるという話をよく耳にします。

記憶に関するある実験があります。

年齢を重ねると、当然、記憶力は低下する。そう思い込んでいると、もっと覚えられるはずなのに、本来の記憶力が発揮できなくなるというものです。

では、子どもはどうでしょう。覚えたものをすべて思い出せるものでしょうか。いいえ、じつは子どもたちもたくさん思い出せないことがあるのです。ところが、子どもはものごとを思い出せないとき、「私って記憶力が悪いなあ」などとは考えません。そこには思い込みなど生まれようもありません。

大人になるとどんどん脳細胞は死んでいく、という話の連想から、大人のネガティブな思い込みにつながるのでしょう。

以前も紹介したように、何歳からでも頭を使い続けることによって脳の神経細胞は増やすことができるのです。

まずは、**「加齢＝記憶力の低下」という思い込みはやめましょう。**

また、「思い出す」という行為はエネルギーがいる作業です。思い出すためには、案外、気力が必要になります。

気力は体力と直結しているものです。体力の低下に伴って気力も低下してくる。それによって、思い出すことも面倒くさくなるのです。

これもまた、記憶力が低下したと思わせる要因の一つです。これを防ぐためにも、やはり日々の適度な運動は大切だということです。

最近の研究では、記憶力をはじめ、**脳全般の健康に一番効果的なのは運動**であるということが共通認識となっています。

運動といっても、激しい運動は必要ありません。かえってマイナスになってしまいます。

脳の健康を目的とするのならば、ウォーキングくらいの強度を持つ運動が適しているということです。散歩などを日課にするといいかもしれません。

さて、それでは、ここからは**具体的に思い出す力を維持**、もしくは**向上させる方法**を紹介していきます。

その方法とは、日常生活のなかで**予定されている行動を、あらかじめ頭のなかにイメージ**しておくというものです。

たとえば、その日買い物で大根を買う予定だったら、買い物に行く前に頭のなかで自分がそのスーパーの野菜売り場で大根を手に取っている場面をイメージングするのです。

ほかにも、現金をおろす予定があるときなどは、ATMの前でお金をおろしている自分の姿のイメージングなどするといいでしょう。

もっと身近なものでもかまいません。部屋の掃除をするときは、部屋がきれいになったイメージングをしてから掃除をする。料理をするときは、完成したおいしそうな料理をイメージしてから始める、といったようなことでもOKです。

イメージングによって、これらの予定は「エピソード記憶」になります。

そして、その後、実際にその行動をする。

「イメージングによってエピソード記憶を作る」→「実際に行動する」

――このサイクルを繰り返すことにより、思い出す力は鍛えられます。

「思い出す力」は、頭のなかから「記憶を引っ張り出す力」ということなのです。脳のなかのワーキングメモリという能力がこの一端を担っています。大阪大学の苧阪満《おさかま》里子《りこ》名誉教授によると、このワーキングメモリに関する脳の部位「ACC（前部帯状回）」は、イメージングにより活性化されます。

予定をイメージしてから行動する。習慣化してみてはいかがでしょうか。

人の顔と名前を覚えるいい方法はある？

名前に新しい意味を持たせれば大丈夫です。

人の顔と名前の覚え方ですが、テクニックを使う前に、まず試していただきたいのはここでも記憶の性質を利用することです。

「人の名前が覚えられない」という人たちの話を聞いていると、**ほとんどの場合で同じパターン**が見受けられます。

そのパターンとは、ある人とはじめて会うときに、事前に覚える準備をしていないということです。

よくあるのが、仕事の打ち合わせなどではじめて会う場合、名刺交換などをして打ち合わせをしたものの、しばらく経ってから、「あれ、あの人の名前なんだっけ？」

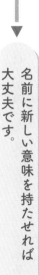

というパターンです。

以前も話しましたが、ここでも記憶の最初の工程、「記銘（覚える）」という作業は行なわれていません。それで、思い出そうとしても厳しいということになるわけです。

ではどうすればいいのか。

相手の名前を覚えたかったら、直前に、「今日、会う人の顔と名前を絶対覚えよう」という**意志を持ちながら会う**ことです。

なぜなら、脳のなかで記憶に関係するエリアは、やる気や感情に関するエリアでもあるからです。

そのため、記憶のスイッチを入れるには、前提として覚える意志、つまり**やる気を出す必要がある**のです。

これを意識して人と会うだけで、顔と名前がかなり覚えられるようになります。ぜひお試しください。

そして、それに加え、さらに記憶の性質を利用します。

覚えたものをアウトプットすると、記憶は強化されるという性質です。

これまで、記憶のためには「最初の記銘」が重要と言ってきました。それと同様に、頭に入れたものを外に出してみる、いわゆるアウトプットも記憶のためには有効な手段なのです。

これを、先ほどの打ち合わせの例に当てはめてみましょう。

「○○さん、これはどうですか？」「○○さん、その手帳かっこいいですね」「○○さん、そのアイデアいいですね」というように、打ち合わせ中に何度も相手の名前を口に出すことがアウトプットになります。

会う直前に、「覚えるぞ！」という意志を持つ。会っている最中は、「なるべく相手の名前を口に出す」。こうすることで、顔と名前がかなり覚えられるはずです。

そして、さらなる記憶のテクニックも紹介しましょう。

そもそも、人の顔と名前を覚えるのは、ある理由から難しいことなのです。

人の顔は映像情報なのに対し、名前は文字情報です。種類の違う情報を同時に覚えなければならないので、顔と名前を覚えるのが難しいのです。

逆に考えると、両者を**同じ情報に変身させれば覚えやすい情報になる**のです。

顔を文字情報に変えるわけにはいきません。そのため、**名前を映像情報に変えるよ**

うにします。

どのように変えるかといえば、名前の読みや、使われている漢字、または同じ名前の有名人などを使ってイメージに変えるのです。

たとえば佐藤さんであれば、その読みから、「砂糖をなめるのが好きな人」。田中さんであれば、漢字から「田んぼのなかの家に住んでいる人」。また、坂本さんであれば、「坂本龍馬の子孫」といったような具合です。

これらのイメージを、その人に会ったときに頭のなかに浮かべてみるのです。次に会ったときに文字が思い出せなくても、イメージが思い出せれば、そのなかに名前のヒントが含まれているため、そこから名前を再現すればよいというわけです。

これは、人は**名前よりもその人の仕事や趣味といったプロフィールのほうがよく覚えられる**という、「ベイカー・ベイカー・パラドクス」という心理現象を利用したテクニックです。

確実を期すときには利用してみるのも一つの手です。

スピーチを成功させるには、どうすればいい？

頭のなかでの予行演習が有効です。

誰にとっても、はじめての状況に対応しなければならないときには、不安や緊張はつきものです。

ましてや、人前で行なうスピーチとくれば、慣れていない人であれば、緊張で思うように力を出しきれないこともあるかもしれません。

場馴れという言葉があります。たくさんの経験と実績を積むことで、そうした状況におかれても平気になることですが、これは**脳がその状況に慣れたということ**なのです。慣れるとはどういうことかといえば、必要のない情報をシャットダウンし、必要最低限の情報のみに集中できるレベルになるということです。

最初のうちは、あれもこれも、といった感じで、いろいろな情報に反応して対応しようとするので、心が落ち着かない状態になります。しかし、**たくさん数をこなしていくうちに、集中すべきポイントがわかってくる**のです。

しかし、そうした機会が少ない人にとっては、脳が慣れていない状態でその場に臨まなければなりません。

そんなとき、イメージを利用すれば、それを補うことができるのです。

それが、「**メンタル・リハーサル**」です。

以前も紹介しましたが、脳はイメージするだけでも、実際に経験したような刺激を受けるのです。それは、イメージの世界でする予行演習を意味します。

そのイメージは、エピソード記憶となります。要するに、**イメージで経験が積める**のです。具体的な方法を紹介しましょう。

まず大事なのは、最初にリラックスした状態になってから始めることです。リラックスできたら、まずは自分から周囲を見たときの状況をイメージします。

目を閉じ、本番でのスピーチの場面をイメージしていきます。

そのイメージとは、たとえばスピーチ中、周りをまんべんなく見渡すとか、はっきりと話すとか、自分の取るべき行動です。

そのとき、相手がどのように反応するかを想像してみます。同時に、そのときの自分の感情も味わってください。

次に、視点を自分から、聴衆である第三者のものへ変えます。つまり、お客さん側からの視点ということです。たとえば、テレビカメラで壇上に立つ自分を少し離れたところから映しているようなイメージです。

こうして、自分からの視点、第三者からの視点でイメージのリハーサルを行なえば、講演の際の注意点に気づきます。それを、本番のスピーチにフィードバックし、完成度を高めていくことができるのです。

また、本番での想定外の出来事に慌てないための準備も行なっておきます。

本番で起こりうる最悪のケースを想定し、それをメンタル・リハーサルの段階であらかじめ経験しておきましょう。

話す内容を飛ばしてしまったとか、マイクの音声が急に切れたとか、**最悪のパターンをいくつか想定**し、それらをイメージのなかで落ち着いて対処できるようにしておきます。こうすることによって、さらに自信を持って本番に向かうことができるようになるのです。

さらに、**保険として「アンカー」を作っておく**のもよいでしょう。

アンカーとは、決め事にしておく言葉やアクションのことです。たとえば、「拳を握る」とか、「親指を立てる」とか、自分だけにわかる行動を決めておきます。

メンタルリハーサルをしながら、イメージのなかでうまくいっているときにこのアクションをとるのです。そして、本番でこれを再現することで、そのときの自信を呼び起こすというのが狙いです。メンタル・リハーサルをぜひお試しください。

記憶と睡眠にはどういう関係がある？

関係があるどころか、記憶にとって睡眠は必要不可欠です！

記憶に関して、睡眠は2つの重要な意味を持ちます。

1つは、**アルツハイマー型認知症を含む、脳疾患の予防**の意味があります。

ご存知のとおり、アルツハイマー型認知症とは、元の状態に戻ることができない進行性の脳疾患で、記憶をはじめ、思考力などの認知能力がゆっくりと低下していきます。最終的には、日常生活の最も単純な作業を行なうことさえも難しくなってしまう病気です。

最近の研究で、このアルツハイマー型認知症など、脳疾患のリスクを引き上げる可能性がある物質がわかっています。それは**アミロイドβ**（ベータ）と呼ばれるたんぱく質です。

アミロイドβが脳内に長期的に蓄積することにより、脳細胞を圧迫して神経細胞を変成させ、脳全体を萎縮させると考えられています。

この老廃物は、いわば**脳のゴミ**ともいえるので掃除の必要があります。

昼間もこの掃除は行なわれているのですが、それだけでは掃除が間に合わないため、睡眠というまとまった時間でのクリーニングが必要になるのです。

脳は、頭蓋骨のなかで、脳脊髄液という液体に浸かって保護されています。この液体は一日のなかで何回か入れ替わります。古い脳脊髄液が排出されるタイミングで、この脳のゴミともいえるアミロイドβも一緒に除去されるのです。

そうした理由から、睡眠は脳の重要なメンテナンスの時間なのです。


記憶にとって睡眠が重要な理由の2つめは、**記憶は寝ている間に作られる**からです。寝ている間に、脳の海馬という部位が、昼間、頭のなかに入ってきた情報の整理作業を行なっています。ここで整理された情報のみが、長く記憶の残る仕組みになっています。


学生時代、テスト前の晩、寝ないで一夜漬けの勉強に励んだことはありませんか？

そこで覚えた内容は、テストが終わった瞬間に、どこかへ消えてしまいます。

その理由は、**睡眠によって情報の整理作業を行なっていないから**だったのです。

脳の健康にも、記憶にも、睡眠が重要であるのならば、質の高い眠りを得たいと思うのも当然でしょう。そのためには、スムーズに入眠できればベターです。

じつは、イメージを使ってスムーズに入眠する方法があります。

それが、カナダのサイモン・フレーザー大学のリュック・ボードワン博士が開発した「**認知シャッフル睡眠法**」です。

人間は論理的に何かを考えているときはなかなか眠れません。そこで、わざとバラバラなイメージをつぎつぎ頭に浮かべることにより、あえて気が散るようにして、眠りやすくするという原理です。

まず床に就いたら、1つの言葉を思い浮かべます。この言葉は聞いたとき、**ストレスを感じないものなら何でも構いません**。

例として、ここでは「ダイヤモンド」でやってみましょう。

単語を選んだら、最初の文字、「ダ」から始まる言葉のイメージを頭のなかで思い浮かべます。

「だるま」「だんご」「ダンス」「抱っこ」「大理石」など、ダから始まる単語であれば、なんでも構いません。ダが難しければ、濁点をとってタでも構いません。

1つのイメージを数秒間イメージしたら、次のイメージをまた数秒間イメージするというのを続けていきます。

気を散らすのが目的なので、イメージはそれぞれ関連性がないものがよいでしょう。ダから始まる単語が思いつかなくなったら、次に「イ」に移ります。

イでも、先ほどと同様、イで始まる単語のイメージを数秒間ずつ、次々と頭のなかで思い浮かべていきます。

これも尽きたら、次の「ヤ」に移ります。

「ン」が出てきたら飛ばします。他にも「を」などのときも同様です。

こうしてすべての文字が終わったら、別の単語で同じことをやってみましょう。

何個もいかないうちに、多くの人は眠ってしまうはずです。頭をぼうっとさせて、楽な気持ちで楽しんで行なったほうが早く眠れます。

買い物リストを覚えておくには?

ドリルで練習した「ペアリング」が役に立ちます。


昔から世の中には、さまざまな記憶法が存在しています。

しかし、そのどれをとっても共通している原則があります。

それが、「**イメージ化**」と「**関連づけ**」です。

イメージ化とは、覚えるものを映像などのイメージに変換することです。

イメージ化する理由は、以前もお話した脳の性質を利用するためです。脳は、文字や言葉の形で覚えることを苦手とします。

しかし、イメージすることは脳がもともと持っている能力なので、覚えやすくなるのです。

そして、関連づけとは何かといえば、**覚えたいものを目印と結びつける**ことです。

簡単にいうと、覚えたものを頭のなかに整理してしまい込む作業のことです。

たとえば、仕事の資料をしまうとき、1つの箱のなかにただ雑然と放り込んでおくとします。そんな状態では、次にある資料が必要になったとき、たくさんの資料のなかからその目当ての資料を見つけ出すのは至難の業です。

そこで、効率よく検索できるように、**名前をつけてファイリング**したり、**タグをつけたりして、目印をつくっておく**工夫をするのです。

記憶もまったく同じです。何も目印をつくらずにただ頭のなかに入れると、思い出そうとするときになかなか見つけられません。その結果、頭のなかには入っているはずなのに、取り出せなくなってしまうのです。

そこで、記憶でもタグのような目印をつけておけば、それをきっかけにすぐに頭のなかから記憶を取り出せるのです。

そのタグは何かといえば、やはりイメージということになります。

3章の最後のドリルで行なった、「ペアリング」を思い出してください。2つの言葉を組合せて、1つのイメージで頭に入れるというものです。これにより、片方の言葉があれば、イメージを頼りに簡単にもう片方の言葉が思い出せるのです。この仕組みを利用するのです。

片方の言葉をタグにして、それと覚えたい言葉を組合せて1つのイメージで覚えるということをします。

タグなので、すぐに思い出せるものでなければなりません。

今回のような「買い物リスト」や「ToDoリスト」（やるべきことの一覧）などの場合、**タグは数字にしておくのがおすすめ**です。

その理由は、数字であれば、順番も同時に覚えることができるからです。

それでは、数字をどうやってタグとしてイメージ化するのでしょうか。

1つの方法は、その**数字の形に似たものをイメージする**のです。

たとえば、「1」であれば真っすぐなので「鉛筆」。「2」であれば「アヒル」。「3」は「耳」に似ています。「4」はマストに似ているので「ヨット」。「5」は横にして「カギ」。「6」は「さくらんぼ」。「7」は「トンカチ」。「8」は「雪だるま」。「9」は「ラケット」。「10」は「バットとボール」といった具合です。

これはあくまでも参考例なので、みなさんはほかのものをイメージにしても、もちろんOKです。

こうして数字をイメージ化したものに、覚えたいもののイメージをペアリングでやったように組み合わせて頭に入れるのです。

買い物リストが「大根」「トイレットペーパー」「乾電池」「マヨネーズ」だったら、「鉛筆が大根に突き刺さっている」「アヒルがトイレットペーパーをくわえている」「耳の穴に乾電池が刺してある」「ヨットのマストがマヨネーズでべとべと」といったイメージを作っておきます。

そして、買い物するときに、まず1は鉛筆なので、それが刺さっていた大根をすぐに思い出せるというわけです。

これは、ＴｏＤｏリストでも同様です。課題をイメージ化して、同じように数字のイメージと組み合わせればいいだけです。

メールであれば手紙のイメージ、電話ならそのままスマートフォンや、資料作成はノートＰＣのイメージなど。便利ですのでぜひお試しください。

英単語の効果的な覚え方とは？

英単語を覚えるときもイメージングを基本としてください。

英単語を覚えるときには鉄則があります。

たとえば、大学受験や資格試験、または実際のビジネスで英語を使うことを考えてみても、そこで必要となってくる単語数は軽く数千語を越えます。

これらに対して、１つひとつ、**時間と手間をかけすぎない**ということ。そんなことをしていたら、必要なすべての単語に目を通すことはほぼ不可能でしょう。

そこで、英単語のような記憶学習には、学習心理学的な戦略が必要となります。

それがよくわかる記憶の性質を示す例を紹介します。

学生で、同じクラスのAくんとBくんがいます。

英語の先生から4日後に単語のテストがあると告げられました。テストされる単語の数は100個です。

Aくんも、Bくんも、本番前にテスト用の勉強は4時間必要だと考えました。

Aくんは試験の前日、集中して4時間連続で単語の勉強をしました。

それに対し、Bくんは初日に1時間だけ使いました。**スピード重視**で、着実ではないけれども100個の単語全部に目を通し、それをテストまでの4日間繰り返しました。使ったトータルの時間はどちらも4時間で同じです。

さて、本番のテストではめでたくAくんも、Bくんも満点を取れました。

そう聞くと、どちらの方法を取ってもよさそうですが、じつは2つの学習法の効果には大きな違いがあるのです。

その違いとは、**時間経過における記憶の保持の差**です。

覚えた時点から長く時間が経過した後の記憶の定着率は、圧倒的に4日に分けたBくんのほうが高いのです。

今回のように**範囲が決まっている記憶学習の鉄則は、なんといってもスピード重視**で進めることにあります。

スピード重視で進めると、たしかに一度では、記憶としてはとても薄い記憶には違いありません。しかし、ポイントは回数にあります。

薄い記憶を重ねる方法を取ったほうが、長く頭に残る記憶を作ることができるのです。

この記憶の性質を踏まえたうえで、1つひとつの単語をどのように覚えていくか。

そのポイントは2つです。

「**イメージ化**」と「**自分ごと**」です。

英単語を覚えるときに、よくやりがちなまずい方法があります。

たとえば、「suggest（示唆する）」という英単語があります。これを覚えるときに、「示唆する」という言葉だけを暗記しようとすることです。

何をいっているかというと、「示唆する」とは、どんな意味やニュアンスかを感じたり、考えたりせずにただ文字として覚えようとするのです。

これでは、単に「suggest＝示唆する」という記号を覚えたのと同じです。記号なので、実際のテストやコミュニケーションで使おうとしても使えません。

そこで、単に文字情報としてではなく、「示唆する」とは**どんな場面で使う言葉なのか、どんなニュアンスを持っているか**などがわかるイメージを頭に浮かべながら覚えるのです。

そうやって覚えた記憶は、**記号とは違うので思い出しやすい**実用的な記憶になります。

ほかにも、「示唆する」という訳を持つ単語はいくつかあります。イメージングで覚えていけば、ニュアンスの違いがわかるので、同じような訳を持つ単語でも、必要に応じて使い分けもできるようになるのです。

そして、もう1つのポイントの「自分ごと」ですが、これはイメージをするときに、**自分に関係するようなイメージを作る**ことを意味します。

たとえば、先ほどの「suggest」ですが、会社員ならば、「腕時計を指差し、部下に遠回しに〝時間かかりすぎ〟と示している」といったようなイメージを浮かべるという感じです。

こうして頭に入れた単語はエピソード記憶となるため、強い記憶になるし、実用的な記憶にもできるのです。

どうしてもその言葉のイメージが浮かばないときは、グーグルなどの画像検索機能を使って、その言葉のイメージを参考にするのもよいでしょう。

スピード重視で、それぞれの単語は自分ごとのイメージングをしながら覚えていく。そして、それを何回転もすることによって、長期間保持できて、しかも実用的な記憶にする。

これが、超効率的な英単語記憶法なのです。

数字を覚えるテクニックはある?

数字に意味を持たせればいいのです。

数字とは、いわば記号のようなものです。つまり、数を示す以外に意味を持たないことが覚えられない大きな理由です。

そうだとすれば、**数字に意味を持たせる**ことが先決です。

数字といえば、手前味噌ですが、私は制限時間1時間で1000ケタ以上の数字を記憶できます。

もちろん、数字をカメラのように記憶しているのではありません。

数字に人物やモノなどの意味を持たせて、その「イメージ」で覚えているのです。競技なので、あらかじめこの数字にはこの人物とか、この数字はこの物とか決めておくのです。

そして、競技中には数字をそれぞれのイメージに置き換えて覚え、思い出すときにはイメージから数字に戻すということをしています。

どのように数字をイメージに変えるかですが、その方法はいろいろあります。

しかし、ここでは一番手っ取り早く数字をイメージ化できる方法をおすすめします。

その方法とは、「**ゴロ合わせ**」です。

学生時代には、日本史や世界史に出てくる年表の年号をゴロ合わせで覚えたという人もいるのではないでしょうか。

「なんだゴロ合わせか」と馬鹿にしたものではありません。

冒頭で数字に意味を持たせる必要があるというお話しをしました。

じつは、この考え方は、学習心理学における記憶の方策にかなった方法なのです。

その考え方のことを、心理学では「**精緻化**」といいます。

与えられた情報（今回の場合は数字）を、そのままの状態で覚えようとするのではなく、**自分なりの新しい意味づけをして覚える**ことを、心理学においては情報の精緻化といいます。

ゴロ合わせは、学習心理学の精緻化のメカニズムが含まれている立派な記憶法なのです。

数字のゴロ合わせですが、「鳴くよ（794）ウグイス平安京」や、現在では年号が変わってしまいましたが、「いい国（1192）作ろう鎌倉幕府」など、みなさんご存知でしょう。各数字に当てはめる文字は、みなさんの自由で問題ありません。

ただし、数字をゴロ合わせで言葉を作るときのコツがあります。そのコツは覚えておいたほうが役に立つと思います。

先ほど、例として年号を出しましたが、実際は3ケタや4ケタの数字でゴロ合わせを作るのは、文字の組合せからするととても難しいことです。

そこで、**数字のゴロ合わせは、2ケタずつ作る**とイメージの選択肢が広がります。たとえば、「14」を「イシ（石）」、「48」を「シヤと読んで（市役所）」「87」を「ハナ（花火）」といった具合です。

そのようにして作ったイメージ同士を、「ペアリング」して1つのイメージにすれば、2ケタ以上の数字も頭に入れられます。

勉強や仕事で覚えなければならない数字は、現実的には4～6ケタ程度ではないでしょうか。

4ケタならば2つのイメージ、6ケタならば3つのイメージのペアリングをすればよいというわけです。

もし、それ以上のケタ数を覚えなければならないときは、イメージ同士をつなぐストーリーなどを作って、頭のなかでイメージしてください。

集中力をつけるいい方法とは?

集中力のための、イメージ・トレーニングがあります。

私が6度の記憶力日本一を獲得できた要因の1つには、記憶力と同じくらい、**集中力の重要性に着目**し、その対策を行なってきたからということを確信しています。

私が集中力を意識したのは、ある記憶力の大会における失敗がきっかけでした。

その大会は、香港で行なわれました。それまでに日本の大会での優勝や、その後のオーストラリアの大会でも優勝を経験していた私は、自信満々でその大会に臨んだのです。

しかし、結果はよくありませんでした。いつものように記憶できなかったのです。

この原因にはすぐに思い当たりました。

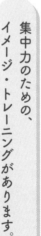

競技中の集中力が崩れたことです。それまでの大会は、特にメンタルのコンディションなど、まったく意識していなかったのです。

しかし、その香港大会で、はじめてメンタル面、特に集中力が記憶力に大きく影響を与えるということを痛感したのです。

「記憶力＝集中力」という事実を、その失敗から意識するようになりました。

それからは、記憶力のトレーニングと平行し、集中力のためのトレーニングも始めました。そのトレーニングのなかでも、とりわけ有効だったイメージを使うトレーニングをご紹介しましょう。

それをご紹介する前に、そもそも集中力とはどんな能力なのかを考えてみてください。

いろいろな捉え方があると思いますが、余計なものを頭のなかから切り離して、「意識を一点に集めること」というのは、共通しているのではないでしょうか。

集中力というのは、一定ではなく波があります。しかし、集中力のある人は、意識が逸れそうになっても、それに気がついて中心に戻すことができます。

今回、ご紹介する方法は、その能力を意識したものです。

名づけて、「**ホワイトボール・イメージトレーニング**」。

イスに背筋を伸ばして座ります。背筋は伸ばしますが、気持ちはリラックスしてください。目を閉じ、顔の表情もゆるめます。

呼吸は、鼻から吸い、口から吐くようにします。吸ったときはおなかを膨らませ、吐くときはおなかをへこませる、いわゆる腹式呼吸が効果的です。

とくに呼吸の長さは決めなくてよいでしょう。静かにゆっくり、楽に呼吸できればOKです。

大事なのはここからです。

目を閉じて呼吸しながら、頭のなかに白いボールをイメージします。

息を吸うときには、それにあわせ、白いボールが膨らんでいくイメージを頭のなかで見るようにします。

反対に、吐くときには白いボールが縮んでいくイメージです。

これを繰り返し続けるのですが、多分、やっているうちに頭のなかにいろいろな考えや他のイメージなど雑念が浮かんでくるはずです。

しかし、雑念が浮かんでくるのはまったく問題ありません。むしろ、**雑念が浮かん**

でくるからこそトレーニングになるのです。

重要なのは、雑念が浮かんできたときに、それに意識がとらわれて、ずっとそればかり考えてしまうことです。

雑念が浮かんできたら、それに気づけることがまず大事。

そして、「今こんなことを感じてるのだな」といった感じで、軽く手放してまた白いボールのイメージに意識を戻すようにします。

最初のうちは、1分間でも構いません。慣れてきたら徐々に時間を伸ばし、最終的には1回で15～20分間連続でイメージできるようになることが目標です。

このトレーニングは、集中力以外にも、**「ストレスの緩和」「ポジティブな感情の増進」「感情のコントロール」**にも効果があります。

そしてもちろん記憶力の向上にもつながるのです。

文章をうまく書くには、どうすればいい？

苦手意識のブロックをはずしてあげればいいだけです。

文章を書くときの重要なポイントがあります。

それは、一度できちんとした文章を完成させようと思わないことです。

言葉選びや文法、きれいな話の流れなど、すべてをきちんとしたものにしようとすると、筆は止まります。まずは些末なことは置いておき、**頭のなかのイメージが湧き出るに任せて書き続けることが先決**なのです。

量が確保できたら、はじめてそこからきちんとした文章になるように修正を重ね、完成させるのがコツです。

だから、文章を書くというのは、書き方のトレーニングというよりも、もともと誰しも持っている**創造性やイメージ力をいかに引き出すのか**ということを、まずは優先して考えるべきなのです。

しかし、それがわかったとしても、頭のなかのイメージを文章としてアウトプットしようとしたときに、無意識のブロックが働くことが多いのも事実です。

この項では、そのブロックを外し、イメージをすぐに文章化する回路を作る方法を紹介します。

それが、「**プライベート・ライティング**」というトレーニングです。

そのときに頭のなかで考えていること、たとえば「眠いな」「おなかがへったな」「今日は少し肌寒いな」など、なんでもいいでしょう。

そのとき頭に浮かんだ思いを、そのまま、とにかく紙に書き出すという方法です。

書き出すといっても、時間をかけてじっくり考えながら書いてはいけません。

このプライベート・ライティングの原則は、「絶対に書く手を止めてはいけない」というものです。脳に時間の余裕を与えてしまうと、頭のなかで勝手にむくむくと理性が顔を出してしまうからです。

理性が働くと、「論理的におかしいのではないか」とか、「こんなくだらないこと書いていいのか」とか、脳が勝手に判断して書くことを無意識に控えてしまうのです。

理想的な状態は、**脳と手が直結している感覚がある**ことです。

このトレーニングを続けていくと、文章をアウトプットするスピードと量が驚くほど向上します。たとえば仕事における企画書や報告書の作成、またブログの記事を書くなど、どんな文章を書く場面にも、その効果は実感できると思います。

そして、もう1つの効果は、**アイデアの種を逃さない**ことです。

日々流れていく思考のなかに、重要なアイデアの元になるような種はあるものです。その種を逃さないためにも、とりあえず頭のなかにその瞬間浮かんでいることをそのまま書き出せば、網の目からアイデアが漏れるのを防げるという理屈です。

プライベート・ライティングのトレーニングを続けていくうちに、創造性も同時に養われていくといえます。

このプライベート・ライティングの効果を上げるための原則があります。

①書いたものは人には見せない（これを決めておくことで、ためらわずにすみます）。

②内容のレベルにこだわらない（くだらない、非論理的、飛躍的、何でもＯＫ）。

③必ず時間を決める（タイマーを利用すると効果的。最初は1分ぐらいから始め、慣れてきたら時間を増やす）。

④けっして手を止めない。

⑤行き詰まったらそれを書き続けてもＯＫ（「ああ、行き詰まった」「書くことがない」などを新たな視点が見つかるまでつなぎとして書き続ける）。

ぜひこのプライベート・ライティングのトレーニングで、あなたの潜在的な創造性を引き出して文章を書くのに役立ててください。

記憶力を高めるために意識すべきことは？

「感動力」を上げることです。

人間には、五感というものが備わっています。視覚、聴覚、触覚、味覚、嗅覚の5つの感覚です。

記憶は、この五感と密接な関係があります。

たとえば、味覚でさえ、記憶となりえます。何年も前に食べておいしいと感動した料理を、その後しばらく経ってから味わったとしても、「そうそう、この味」と思い出すことができるのではないでしょうか。

しかし、単に五感を使ったからといって、そのまま自動的に記憶に残るわけではありません。

何かを見たり、聞いたりしても、そこで何も感じなかったり、印象が薄かったりすれば、記憶に対してもそれほど影響を及ぼすことはありません。

そこには、やはりカギとなる要素があります。そのカギとは、以前も紹介した「**感情**」にあるのです。

その理由は、やはり脳の仕組みです。

「扁桃体」で感情が生まれると、それに刺激を受けた記憶の司令塔「**海馬**」**が記憶を強化してくれる**からです。

以前、私は、ワインのソムリエの世界大会を、テレビのドキュメンタリー番組で観たことがあります。ソムリエとは、レストランで働くワインの専門家です。

その大会では、あるワインに含まれるブドウの産地や品種、味などの知識にとどまらず、果ては化学の知識までも参加者に要求されるのでした。

文字や言葉であれば、だれにとってもなじみがあります。しかし、彼らソムリエは、文字や言葉の知識だけでなく、ワインの色や香り、味といった感覚、つまり五感をフルに使った記憶が必要になるのです。

五感をただ使っただけでは、強い記憶にはなりません。

ましてや、彼らは仕事上、色や香り、味などを分類したうえで整理し、さらに記憶する必要があるのです。

そんなときにも、「感情」が役立ちます。ソムリエたちは、色や香り、味といった感覚をただ感じるだけでなく、自分なりの感情のフィルターを通して、何かのイメージに変換して覚えているのです。

感情を伴うので記憶は強化され、情報をその感情から連想したイメージに変えることで、整理されて頭に収納できるようになります。

それより、文字情報だけでなく、あれほど膨大な感覚の情報も記憶できるのでしょう。

ここで何がいいたいかといえば、記憶力を上げるために意識すべき大切な要素は、やはり「**感受性の豊かさ**」なのです。

感受性は、記憶をはじめ、認知機能全般にとって重要だという話を、以前「スーパー・エイジャー」を例に出して紹介しました。

これは、我々一般人にも、当然いえることです。**感受性が豊かな生活をしていれば、**

自ずと記憶力もアップできるのです。

それでは、感受性を豊かにするにはどうすればよいのでしょうか。

そのために大げさなことをする必要はありません。

もちろん、映画を観たり、小説を読んで感動したり、旅行先の景色を見て美しいと感じたりするのもいいでしょう。

究極的には、**日々の生活を楽しんで丁寧に暮らす**ことです。

たとえば、ごはんを食べたら「おいしいね」と言ってみたり、季節ごとに変わっていく草花を愛でて「きれいだな」と感じてみたりすることでいいでしょう。

日々の生活のなかで、1つひとつのことを流さずに、意識をそこに留めて味わってみること。これが、引いては感受性を養うことにつながり、些細なことにも感動できる体質に変わってゆくのだと思います。

そして、それはスーパー・エイジャーにつながる道なのだと、私は思います。

本書は、マキノ出版より刊行された『読むだけで記憶力が倍増する本』を、文庫収録にあたり再編集のうえ、改題したものです。

池田義博（いけだ・よしひろ）

世界記憶力グランドマスター。

一九六七年、茨城県生まれ。大学卒業後、エンジニアを経て学習塾を経営。記憶術と出合ったことがきっかけで脳力の可能性に興味を持ち、二〇一三年、記憶力日本選手権大会に挑戦。初出場で優勝し、記憶力日本一になる。同選手権には六回出場し、すべて優勝。

また、世界記憶力選手権で日本人初の「記憶力グランドマスター」の称号を得る。記憶力・脳力開発の研究を進め、二〇二一年、一般社団法人記憶工学研究所を創設。自身の経験から独自メソッド「IP記憶法」を開発、その普及のため活動している。

著書に、『見るだけで勝手に記憶力がよくなるドリル』シリーズ（サンマーク出版）、『まるごと覚えて頭も良くなる A4・1枚記憶法』（東洋経済新報社）などがある。

知的生きかた文庫

読《よ》むだけで記憶力《きおくりょく》が高《たか》まるドリル

著　者　池田《いけだ》義博《よしひろ》
発行者　押鐘太陽
発行所　株式会社三笠書房
〒102-0072　東京都千代田区飯田橋3-3-1
電話03-5226-5734〈営業部〉
03-5226-5731〈編集部〉
https://www.mikasashobo.co.jp
印刷　誠宏印刷
製本　若林製本工場
© Yoshihiro Ikeda, Printed in Japan
ISBN978-4-8379-8852-6 C0130

＊本書のコピー、スキャン、デジタル化等の無断複製は著作権法上での例外を除き禁じられています。本書を代行業者等の第三者に依頼してスキャンやデジタル化することは、たとえ個人や家庭内での利用であっても著作権法上認められておりません。
＊落丁・乱丁本は当社営業部宛にお送りください。お取替えいたします。
＊定価・発行日はカバーに表示してあります。

知的生きかた文庫

人生うまくいく人の感情リセット術

樺沢紫苑

この1冊で、世の中の「悩みの9割」が解決できる！　大人気の精神科医が教える、心がみるみる前向きになり、一瞬で「気持ち」を変えられる法。

マッキンゼーのエリートが大切にしている39の仕事の習慣

大嶋祥誉

「問題解決」「伝え方」「段取り」「感情コントロール」……世界最強のコンサルティングファームで実践されている、働き方の基本を厳選紹介！　テレワークにも対応!!

最高のリーダーは、チームの仕事をシンプルにする

阿比留眞二

すべてを〝単純・明快〟に——花王で開発され、著者が独自の改良を重ねた「課題解決メソッド」を紹介。この「選択と集中」マネジメントがあなたのチームを変える！

コクヨの結果を出すノート術

コクヨ株式会社

日本で一番ノートを売る会社のメソッド全公開！　アイデア、メモ、議事録、資料づくり……たった1分ですっきりまとまる「結果を出す」ノート100のコツ。

頭のいい説明「すぐできる」コツ

鶴野充茂

「大きな情報→小さな情報の順で説明する」「事実＋意見を基本形にする」など、仕事で確実に迅速に「人を動かす話し方」を多数紹介。ビジネスマン必読の1冊！

C50474